Stefanie Schnurr

Schwarzwälder Schulgeschichten

Stefanie Schnurr

Schwarzwälder Schulgeschichten

Mit Fotos von Alwin Tölle

Kaufmann Verlag

In Liebe und Dankbarkeit
meinem Mann Alfred
und unserer Tochter Michaela
gewidmet

Bibliografische Information Der Deutschen Bibliothek

Die Deutsche Bibliothek verzeichnet diese Publikation in der Deutschen Nationalbibliografie; detaillierte bibliografische Daten sind im Internet über http://dnb.ddb.de abrufbar.

2. veränderte Auflage 2006

Umschlaggestaltung: Stefan Heß und Rolf Zilling unter Verwendung eines Bildes von Hans Thoma: „Der Kinderreigen“, Ölgemälde von 1884, Kunsthalle Karlsruhe
Printed and bound by Leo Paper, China
ISBN-10: 3-7806-7244-8
ISBN-13: 978-3-7806-7244-5

Inhalt

Vorwort 7
Schönwetterzeichen 10
Kunstwerke. 11
„Naij, nit jetz grad...!“ 13
Einleuchtende Erklärung 15
Du, ich wünsch dir... 16
Herrgott nochmol...! 18
Der Sturm auf die Bastille 19
Ungewohnt... 20
Kääs vum Himmel 20
Das Schönste an der Schule 22
„So ein Muschter!“ 23
Vegetarier. 25
Schon so alt... 26
Aprilscherz 27
Wortarten 30
Äätsch...! 32
Von Mann zu Mann... 34
Verborgenes Talent 36
Die Sache mit dem Ehrgeiz... 38
Gesunde Ernährung 40
Missverständliches Entgegenkommen. 42
Was das Leben schön macht 44
„D“ wie „Doris“... 45
Schulschwänzer 47
Fehler. 49
Dankgebet. 50
Ein Lob der Musikalität. 54

Eine Art Schwerhörigkeit... 56
Rechenkünstler.............................. 58
Schwarzwälder Vorsicht 60
Jakob, die Schulkrähe...................... 62
Da lächelte die Patronin... 65
Donnerwetter............................... 68
Kleine Größe 70
Zum Liebhaben... 71
Geistesblitz 72
Eine Schnapszahl... 74
Ansichtssache 76
Geschäftstüchtig 78
Freitagsgebot............................... 80
Kraftquelle 84
Unverständlich... 87
Gutes Beispiel.............................. 88
St. Nikolaus 91
Morgendliche Überraschung 93

Vorwort

Es gibt Stunden, in denen die Welt in allen Turbulenzen noch im Gleichgewicht ist. Eine solche Stunde wurde uns in der guten Stube des 1786 erbauten Schwarzwaldhauses im idyllischen Windenbachtal, einem der Seitentäler des Mühlenbachtals, geschenkt. Das Lehrerehepaar Stefanie und Alfred Schnurr hat es sich am Hang zu einem behaglichen Daheim eingerichtet. Nicht weit von Haslach, wo der schriftstellernde Pfarrer Heinrich Hansjakob einst die Kindheit als das Paradies auf Erden pries, liegt Mühlenbach.

Auf dem Tisch unter dem Herrgottswinkel waren Fotos und Texte ausgebreitet. Alwin Tölle, der Altmeister der Fotografie, hob ein Negativ gegen die Fensterscheibe und schmunzelte. Ja, das sei das Maidli vom Räpplehof, das er vor wohl 60 Jahren aufgenommen habe. Jahrzehnte schnurrten zusammen. Vergangenes wurde noch einmal Gegenwart. Der 1906 im Südharz geborene Alwin Tölle war 1927 erstmals in den Schwarzwald gekommen. Bei vielen Reisen in fremde Länder hatte er die Täler und Höhen, die Höfe und die Menschen des Schwarzwaldes nicht vergessen. 1950 ließ er sich in Rötenbach bei Neustadt nieder und wurde selbst zu einem Bewohner des Waldes. Am 17. Februar 1998 ist er gestorben. So wird diese Neuausgabe auch zu einem dankbaren Gedenken an ihn.

Alwin Tölle ging mit seiner Kamera bedächtig um. Er erwanderte nicht nur die Landschaft. Er erwanderte auch die Gesichter der Menschen. Wer die Lebensfurchen im Antlitz einer alten Bäuerin oder eines Hofbauern betrachtet, vermag in einem langen Leben voller Mühen und Arbeit zu lesen. Bei den Kindern fangen solche Lebensgeschichten erst an. Ihnen wandte sich Alwin Tölle mit besonderer Liebe zu. In ihren Gesichtern hielt sich für ihn das noch unverbogene Schöne und das behutsam zu Deutende verborgen. So umkreiste er diese staunenden, fragenden, aber auch so fröhlichen Kinder und zeigte sie uns in ihrer ganzen Unbekümmertheit.

Was wohl aus ihnen allen geworden ist, nachdem Jahrzehnte seit ihrer Kindheit ins Land gezogen sind? Vielleicht waren es ihre Enkel, die in Mühlenbach und anderswo bei Stefanie Schnurr, jetzt selbst schon im Ruhestand, in die Schule gingen. Aus dem nahen Nordrach stammend, war es ihr nicht schwer gefallen, sich in Mühlenbach heimisch zu fühlen. Auch sie weiß um den kostbaren Schatz der Kindheit, den es für ihre Schülerinnen und Schüler zu bewahren gilt, damit sie am Ende der Schulzeit nicht nur Wissen und Können mitnehmen in das Leben, sondern auch die Erinnerungen an dieses Paradies. Glaube nun aber niemand, dass man in Mühlenbach nur einer Idylle anheim gegeben sei. Auch hier fordert die Gegenwart ihren Tribut. Das Leben wird weitgehend von der Technik bestimmt, und an den Abenden flimmert die große Welt mit ihren Konflikten auf den Bildschirmen. Bei den Kindern aber blitzt das auf, was wir an den Bewohnern des Schwarzwaldes so lieben: trockener, zupackender Humor, Gnitzheit, die da und dort schon an Ironie grenzt, aber auch eine Liebe zur Heimat, die alles andere als gekünstelt ist. Man muss diese Buebe und Maidli einfach lieb haben, wenn sie in den Geschichten ihrer Lehrerin Stefanie Schnurr auf die Bühne treten und uns in Situationen hineinführen, bei denen man schmunzeln und lachen, aber auch nachdenklich sein darf.

Schöner hätte man uns damals in der alten Bauernstube nicht zusammenbringen können: den über neunzigjährigen Meister der Fotografie und die Rektorin der Mühlenbacher Schule. Sie spannen mit den Bildern und den Geschichten einen weiten Bogen über Generationen hinweg und ließen uns jenem Schwarzwald nahe sein, den wir uns über alle Wandlungen des Zeitgeistes hinweg bewahren wollen.

Philipp Brucker

Alwin Tölle starb am 17. 2. 1998.
Stefanie Schnurr ist seit dem 1. 8. 2005 im Ruhestand.

Schönwetterzeichen

Der Ausflug in der dritten Klasse zum Schuljahresabschluss war geplant. Alle freuten sich auf den Tag, denn wir wollten erstmals mit dem Bus wegfahren. Am Vortag regnete es noch kräftig. Immer wieder schweiften bange die Blicke der Kinder durch das Fenster unseres nach Norden und Westen gelegenen Klassenzimmers.

Doch wenn Engel reisen... – der Ausflugstag selbst zeigte ein freundliches Gesicht. „Hoffentlich hebt's Wetter", meinte einer der Drittklässler am Morgen und schaute besorgt zum Himmel hoch. „G'wiss", antwortete ich ihm, „schau, d'Schwalbe fliege gonz hoch."

Nun wollten alle wissen, was die Schwalben damit zu tun hätten. Als ich erklärte, dass das Wetter schön werde oder bleibe, wenn die Schwalben sehr hoch flögen, schaute Susanne nachdenklich drein, dann fragte sie: „Frau Schnurr, konn m'r au bim Wellesittich gucke, wenn'r obe uf'm Stengeli hockt?“

Kunstwerke

Außer auf Sport und Musik freuen sich die Erstklässler, die noch einen großen Drang zur körperlichen Betätigung haben, besonders auf das Fach Bildende Kunst. Wie mühselig und stetig auch der Umgang mit Schere, Klebstoff und Stiften, Pinsel und Farben erlernt und geübt werden muss, fällt einem Erwachsenen, für den solche Dinge zur reinen Selbstverständlichkeit geworden sind, besonders ins Auge. Allein der Umgang mit einer Klebstofftube scheint sich bei manchen der Sechsjährigen zum reinsten Nahkampf zu entwickeln. Die Farbenfreudigkeit, die Pullover, Hose und das ganze Gesichtchen verschmiert, kündet auch zu Hause noch von intensiven Auseinandersetzungen mit den verwendeten Materialien.

Diesmal war das Basteln einer Laterne angesagt. Schon vorausgehend hatte jedes Erstklässlerle vom Fachlehrer in Bildender Kunst ein schönes weißes Blatt bekommen, das es, der Fantasie freien Lauf lassend, einzufärben galt. Da dem Schreiben, Lesen und der Mathematik ja auch Rechnung getragen werden muss, ging's erst einige Tage später an den Laternenbau. Während manche ihre Farbenpracht, zwischen Heften und Büchern sorgfältig verstaut, aus der Schultasche herauszogen und da und dort ein Eselsohr geradegebogen werden musste, holte der kleine Jochen stolz eine große Mappe hervor, der er sein – wie die Handhabung annehmen ließ – wohlbehütetes Kunstwerk entnahm. Umso größer mein Erstaunen, dass sich das ganze Blatt den Blicken darbot, als sei es einmal zu einer Kugel geknüllt und dann wieder glatt gestrichen worden. Verdutzt schaue ich den kleinen Blondschopf an. Auf mein ratloses „Ja, was ist auch mit dem Blatt passiert?", kommt etwas zögernd, wie er das nun wohl am besten darstellen solle, Jochens Antwort: „Weiß, d'Oma het's in Abfall g'smisse" – und dann nach kurzem Zögern mit unschuldvollstem Augenaufschlag und mit „s" in den Wörtern, wo die Erstklässlerzahnlücken das „Sch" gerade verhindern, „weiß, sie het g'meint, des is e Sissdreck...!"

„Naij, nit jetz grad…!“

Nicht immer sind die Aufgaben der Schulleitung und der Klassenlehrerin in einer Person ganz leicht unter einen Hut zu bringen, wenn weder Sekretärin noch Anrufbeantworter oder Ähnliches vorhanden sind. Unerwartetes Anklopfen an der Klassenzimmertür, das Scheppern des Telefons, das durch eine laute Klingel verstärkt wird, damit man es bis zum weit entfernt liegenden Lehrerzimmer vernehmen kann, und manche Störung mehr reißen oft aus dem Unterrichtsablauf.

Mit der Zeit gewöhnen sich meine Schüler daran – sind sie doch für solche „Störfälle“ mit einer Betätigung eingedeckt, die sie gerne verrichten. Nur manch-

mal, wenn man, geradewegs auf den Höhepunkt einer schönen Geschichte zusteuernd, gänzlich unpassend und unerwünscht aus dieser Spannung herausgerissen wird, verdrehen die Kleinen schon mal die Augen gen Himmel oder stöhnen: „Naij, nit jetz grad"!

Diesmal bin ich gerade am Beginn der Erklärung einer neuen Mathematikaufgabe, als ich ans Telefon gerufen werde. Meine Schüler machen sich an die Erledigung der Aufgaben für solche Fälle. Ins Klassenzimmer zurückkehrend, scheine ich nun doch nicht an die etwas durcheinandergeratene Zeitplanung zu denken, denn kaum setze ich mit meinen Erläuterungen dort an, wo mich vorher die Telefonklingel unterbrochen hatte, als

es laut und vernehmlich zur großen Pause gongt. Die Erstklässlerle lachen ob meiner verdutzten Miene und wie ich komisch die Augen verdrehe. Beim Hinausgehen in die Pause kommt daher mein drolliger Lukas am Pult vorbei und meint, sich vor mir aufbauend, in der nicht immer alle Buchstaben eindeutig verwendenden Sprache der Erstklässler verständnisvoll: „du, gell, jetz war Seiße, dass es dongt het!“

Einleuchtende Erklärung

Schulschluss für heute. Ich überlege gerade, ob ich auch Mittag mache oder noch ein Stündchen anhänge, damit die unbewältigte Arbeit etwas abgebaut werde. Die Rektoratstür steht weit offen, sodass ich den zwölfjährigen Matthias schon von weitem sehe, wie er mir etwas entgegenhaltend, das sich beim Näherkommen als ein Farbkasten erweist, auf mich zueilt.

„Kinnte Sie den morge'n'm Hubert geh?“, bittet er mich treuherzig. „Welchem Hubert?“, frage ich zurück, weil mir der Sinn des Ganzen nicht klar wird. „Ha, em Hubert, minnem Brueder, der brucht ne morge.“ Klarer ist die Sache mir nun gerade nicht geworden, darum hake ich nach und erkundige mich: „Ja, bisch du morge nit in de Schuel?“ „Ha doch!“, nickt der Matthias. „Ja un hit middag, siehsch du dinner Brueder deheim nit?“, taste ich mich weiter voran. „Ha doch!“ Nun verstehe ich gar nichts mehr. „Ja Matthias, worum gib'sch du donn den Farbkaschde nit selber dinnem Brueder?“ Da zieht der Matthias, der an sich schon ein gnitzes Gesicht hat, den Kopf zwischen die Schultern ein, hält seinen Schopf schief und gibt die nun wirklich auch dem Dümmsten einleuchtende Erklärung: „Ha, weisch, no bruch i ne nit heimschleife...!“

Du, ich wünsch dir...

Jeden Tag dieselbe Szene: Nach Unterrichtsende versammle ich die Erstklässler vorne bei der Tür, wo wir uns für diesen Tag voneinander verabschieden. Mit „tschüss“ und „ade“, begleitet von Lachen und Winken, trennt man sich von den heutigen Schulstunden, den Kameraden und der Lehrerin.

Am ersten Wochenende ergänze ich noch zum Schluss: „Und ich wünsch’ euch allen ein schönes Wochenende!“ Am nächsten Montag – alles wiederholt sich wie in der vergangenen Woche – reckt plötzlich der kleine Clemens den Kopf über die Gruppe und sagt: „Du, un ich wünsch’ dir au ein schönes Wochenende!“

Ich lache und versichere dem Knirps: „Oh, Clemens, weißt du, das geht noch eine ganze Weile mit dem Wochenende, wir haben heute erst den Anfang der Woche.“ Am Dienstag: Wieder strahlt mich Clemens ganz ernsthaft an: „Du, un ich wünsch dir au ein schönes Wochenende!“ Erneut erkläre ich schmunzelnd, wie lange das noch dauere bis dahin. Am Mittwoch: „Du, ich wünsch dir...“ Am Donnerstag dasselbe.

Dann naht der Freitag, die Woche ist bewältigt. „Clemens“, denke ich erfreut, „heut' ist es endlich so weit“, und mache mich gerade bereit, seine guten Wünsche entsprechend zu würdigen. Da steht er auch schon direkt vor mir mit seinem herzlichen Strahlen, legt den Kopf in den Nacken, damit er zu mir hochsieht, und dann kommt's aus vollem Herzen, das total Unerwartete: „Du, un ich wünsch dir au viiiel Glück...!“

Herrgott nochmol...!

„Ich konn e gonz longs Gebet uswendig", verkündete eines Morgens ein kleines Erstklässlerle stolz seiner Religionslehrerin. Das fleißige Mädchen bat mutig darum, es vor der ganzen Klasse aufsagen zu dürfen, was man ihm gewährte. Natürlich gab's gebührenden Beifall und Lob, die stolz entgegengenommen wurden.

Ein bisschen teilhaben an diesem Glanz wollte nun anscheinend doch auch ein zweites Mädele, das beteuerte, ebenfalls ein Gebet auswendig zu können.

Flugs stand es vor der Klasse, faltete fromm die kleinen Händchen und begann: „Gegrüßet seist du, Maria, voll der Gnade..." Plötzlich stockte es, legte die Stirn krampfhaft in Falten und blickte ratlos um sich. Dann stampfte es nach einer kleinen Pause ungeduldig auf den Boden und stieß zornig hervor: „Herrgott nochmol, jetz weiß'i nimmi, wie's widder goht...!"

Der Sturm auf die Bastille

Es ist Geschichtsstunde. Der Rektor erzählt seinen Schülern von der Französischen Revolution. Heute gibt er sich besonders Mühe, die aufruhrgeladene Luft den Kindern möglichst spürbar um die Nase wehen zu lassen.

Gebannt sitzen sie vor ihm und sperren Mund, Nase und Ohren auf. So schön hatte der Lehrer schon lange nicht mehr erzählt. Er selbst hat heute seine Freude an den in Bann gehaltenen und mucksmäuschenstillen Kindern.

Da – als die Spannung am größten ist, gerade bevor die aufs höchste erboste und aufgewühlte Menge sich anschickt, die Bastille zu stürmen, hebt 's Lenzebuure Maidli den Finger. Fast unwillig schauen die anderen Kinder drein, als es vom Lehrer aufgerufen wird. Wie's weiterging, wollen sie gern wissen. Da verkündet das Maidli aus dem Moosbach auch schon stolz und laut und vernehmlich: „Un Herr Lehrer, hit Nacht isch unser Ross verreckt!"

Ungewohnt...

Der ganze Stolz des Rektors ist sein mausgrauer BMW. Zur Schule, wo die schultaschenschlenkernden Kinder oft dicht am Parkplatz vorbeiflitzen, fährt er jedoch meist lieber mit seiner roten „Ente“.

Als eines Tages ein Erstklässlerle, das zu seinem Test früher in die Schule bestellt war, keine Fahrmöglichkeit hatte, holte der Rektor es kurzentschlossen selbst ab.

Nur zögernd steigt das kleine „Buuremaidli“ ein, schaut sich misstrauisch in dem ungewohnten Gefährt um und spricht bis zur Schule kein Wort. Als es aber nach der Ankunft auf dem Schulparkplatz am gewohnten Ort auch nicht den Griff zum Öffnen findet und der Rektor beruhigend meint: „Gell, Monika, Ihr hen halt e anders Auto“, bricht es aus dem Erstklässlerle heraus: „Nai“, funkelt es den Schulleiter an, „mir hen e räächt's!“

Kääs vum Himmel

Die intensive Beschäftigung der Kinder einer Dorfschule mit dem Thema „Erntedank“ brachte auch Ergebnisse zutage, die den ganzen Lehrkörper zum Schmunzeln anregten. So nahm zum Abschluss der Religionsstunde bei den Kleinsten die Lehrerin das in der Klasse zum Buchstabeneinführen gebräuchliche Mäusestofftier zur Hand und fragte, ob der liebe Gott denn wohl auch für die Mäuschen etwas bereithalte. „Jo“, meinte da gleich einer, „Kääs“! Worauf ein zweiter, etwas aufgeklärter und empört über soviel Naivität seines Kameraden diesem gleich über den Schnabel fuhr: „Ja, glaub'sch jetz du viellicht, der Herrgott tropfelt d'r Kääs vum Himmel obe ra...?“

Das Schönste an der Schule

Was ist das Schönste an der Schule außer den Ferien? Natürlich der Klassenausflug zum Abschluss eines Schuljahres. Da herrscht tagelang vorher umtriebige Vorfreude. Und für die Viertklässler einer Grund- und Hauptschule ging's vor den Sommerferien gar mit dem Bus in die Wilhelma nach Stuttgart. Was es da alles zu entdecken gab!

Wo kann man schon in freier Natur junge Biber in ihrem Nest und deren Eltern beim Schwimmen und Tauchen ganz nahe vor sich beobachten? Schier nicht mehr wegzukriegen von den Gehegen waren die Zehnjährigen oft. Da aber auch der schönste Tag einmal zu Ende geht, kam der Rückfahrtstermin näher und näher. Die Fütterung der so elegant schwimmenden Robben

musste einfach noch gesehen werden. Dann aber ging's eilends Richtung Ausgang.

Da tauchte plötzlich am Wegrand ein gewaltiger Baum auf. Andächtig begutachteten die Viertklässler den mächtigen Umfang des Riesen. Einen Baum dieses durchmessers gab's im ganzen Heimatort nicht. Solche Gedanken mochten wohl in den Köpfen derer umgehen, deren Väter zu Hause selbst Waldbesitzer waren. So ist wohl auch die Reaktion jenes Bauernbuben zu verstehen gewesen, als er den Baum mit großen Augen staunend und bewundernd abtaxierte, und bevor die Lehrerin Lehrreiches zu bedenken geben konnte, fassungslos herausstieß: „Do bricht'sch bigescht e großi Motorsäg!"

„So ein Muschter!"

Ferien – heißersehnt und nie lang genug für alle Schüler! Welch unbegrenzte Möglichkeiten liegen da jeden Morgen vor einem, verheißungsvoll, einfach herrlich!

Das mochte der 85-jährige Dorfpfarrer angesichts des Bauernmaidlis wohl gedacht haben, als er bei einem Krankenbesuch des Großvaters die Neunjährige mit ihrer Freundin vom Nachbarshof am Stubentisch dem jungen herrlichen Sommermorgen entgegenplanend sitzen sah. „Ihr werdet jetzt halt jeden Morgen tieftraurig sein und Tränen vergießen, dass ihr keine Schule habt", lächelte er augenzwinkernd der Kleinen zu. Die – für ihre Schlagfertigkeit bekannt – versucht ihrem Gesicht einen ernsten und leidenden Ausdruck zu verleihen und meint postwendend, wobei der Schalk nur so aus den Augenwinkeln blitzt: „Ich verdruck sie halt schu om friehje Morge so guet i konn...!“ Und ihre Freundin nickt bestätigend: „Ich au!“

„So ein Muschter“, lacht der greise Pfarrer im Nachhinein noch beim Erzählen...

Vegetarier

Dass unsere Grundschüler – zumindest in dieser Schwarzwälder Region – trotz (oder wegen?) wortgewaltiger Fernsehberieselung sich immer wortärmer zeigen, ist für jeden Lehrer wohl mittlerweile zum alltäglichen Brot geworden. Dass allerdings in einer landwirtschaftlich strukturierten Gemeinde, wo man hauptsächlich von der Viehzucht lebt, vor einigen Jahren das Wort „Vegetarier“ für die Köpfe einer zweiten Klasse ein fremder Begriff war, lag damals wohl nicht an diesem Umstand.

Im Lesebuch war das merkwürdige Ding aufgetaucht. So im Hinterkopf spukte dem kleinen Marco etwas herum: „Des sinn arme Leute“, meinte er, wohl eingedenk, dass, wer sich kein Fleisch leisten könne, einfach arm sein musste.

Als der Lehrer nun nicht ganz zufrieden den Kopf hin- und her wiegte, ergänzte sein Klassenkamerad Jürgen erwartungsvoll, ob er’s richtig wüsste: „Des sinn Tierschützer.“ Irgendwie hätten beide ein klein bisschen Recht, lockte der Lehrer weiter, aber so ganz von dieser Art sei die Erklärung nun doch nicht.

Nach einer Weile stillen Nachdenkens schnellte plötzlich der Finger des achtjährigen Michaels in die Höhe. „Jetz’ weiß i’s“, verkündete er stolz über seinen plötzlichen Einfall, „des sin Litt, die abnehme welle!“

Womit er auch wieder nicht ganz unrecht hatte – oder…?

Schon so alt…

Das Mitteilungsbedürfnis der Kleinsten ist Tag für Tag und Woche für Woche ungebrochen. Vor allem am Montag stehen die Schnäbele nicht still. Wenn man sich morgens im Kreis zusammensetzt, wird dem Rechnung getragen, damit die Köpfchen frei werden für die vielen Neuerungen und Übungen, die der Schultag für sie bereithält.

Und die Lehrerin ist ganz schön gefordert: Mal gilt es zu trösten, oft einfach nur williger Zuhörer zu sein, immer wieder gibt es Gott sei Dank aber auch Anlass zu herzlichem Lachen.

An diesem Morgen bringt eines der Erstklässlerle das Stichwort „Oma". Nun sprudelt es nur so aus den Kleinen heraus, wer wann und wo irgendetwas Erzählenswertes mit seiner Großmutter erlebt hatte. Das Berichten will kein Ende nehmen, und jeder möchte zuerst drankommen. Nur die kleine Anette sitzt still auf ihrem Stühlchen in der Runde, ihr scheint und scheint einfach nichts einzufallen. Angestrengt arbeitet es sichtlich in ihrem, von blonden Ringellocken umrahmten Gesichtchen. Gar zu gerne hätte sie auch etwas zum augenblicklichen Geschehen beigetragen.

Plötzlich flammt ein Strahlen auf, und der Finger der Kleinen saust in die Höhe. Dann verkündet sie allen stolz und zufrieden: „Frau Schnurr, meine Oma isch schu achtzig Jahre alt un lebt immer noch...!"

Aprilscherz

Hand auf's Herz – hat jeder all die zum ersten April ausgedachten Verrücktheiten in Zeitung, Radio und im Bekanntenkreis auf Anhieb als solche entlarvt? So manches Mal war man doch ein klein wenig im Zweifel – ist das nun einer, oder könnt's sowas vielleicht doch geben? Kein Wunder bei dem vielen Unmöglichen, das einem – besonders aus dem Land der unbegrenzten

Möglichkeiten – die restlichen 364 Tage über so geboten wird...

Arg in's Dilemma „Glauben oder Nichtglauben" war da auch der kleine Gabriel geraten. Mit sich, seinem siebenjährigen Verstand und dem doch auch schon recht ordentlich gewachsenen Realitätsbewusstsein kämpfend, stand er an eben solch einem ersten April von einem Bein auf das andere tretend vor seinem Lehrer in der Sporthalle. Der hatte schon – arg gebeutelt – zig Erste-April-Angriffe auf seine „Schuhbändel", die angeblich offen waren, Flecken an seiner Hose und Mäuse, die in der Halle herumsprangen, erfolgreich hinter sich gebracht. Der Fantasie der Erstklässler war schier keine Grenzen gesetzt.

Da hatte der Gabriel die Idee mit der ganz großen „Muck", die dort an der Wand hocken sollte. Der Lehrer fiel tatsächlich darauf rein. Eben noch tanzte der Kleine, sich diebisch über seinen gelungenen Aprilscherz freuend, wie ein Kobold um den Lehrer, als dieser, aus der „Muck" rasch einen Elefanten machend, den Gabriel ganz ernst fragte: „Aber hesch du g'sehne, dass dunde uff Eirem Klo e gonz großer Elifont hockt?" Nein, das glaubte ihm der Gabriel nun wirklich nicht. „Ich hab ne aber vorhin genau g'sehne"!, beteuerte der Sportlehrer ernsthaft, „gong emol nab un guck!" Die Vorstellung eines auf der Bubentoilette sitzenden Elefanten wurde nun doch verlockend für den Kleinen. Gabriel begann zu zögern, schaute prüfend in das ernste Gesicht des Lehrers. Der machte ihm den Elefanten mit einigen ausschmückenden Beschreibungen noch schmackhafter und schloss: „Gong nab, no wursch'es sehne!"

Jetzt gab's für den Erstklässler kein Halten mehr. Er stürmte die Treppe in's Untergeschoss hinunter. Gespannt wartete der Lehrer auf sein Wiedererscheinen: Würde sich der Gabriel „fitzemäßig“ ärgern oder gar enttäuscht sein? Schon gewappnet, den kleinen Kerl zu trösten, sah er die Tür sich öffnen und den Erstklässler, als ob nichts geschehen wäre, stolz an sich vorbeimarschieren. „Ja du, was isch jetz“, rief ihm der Lehrer zu,

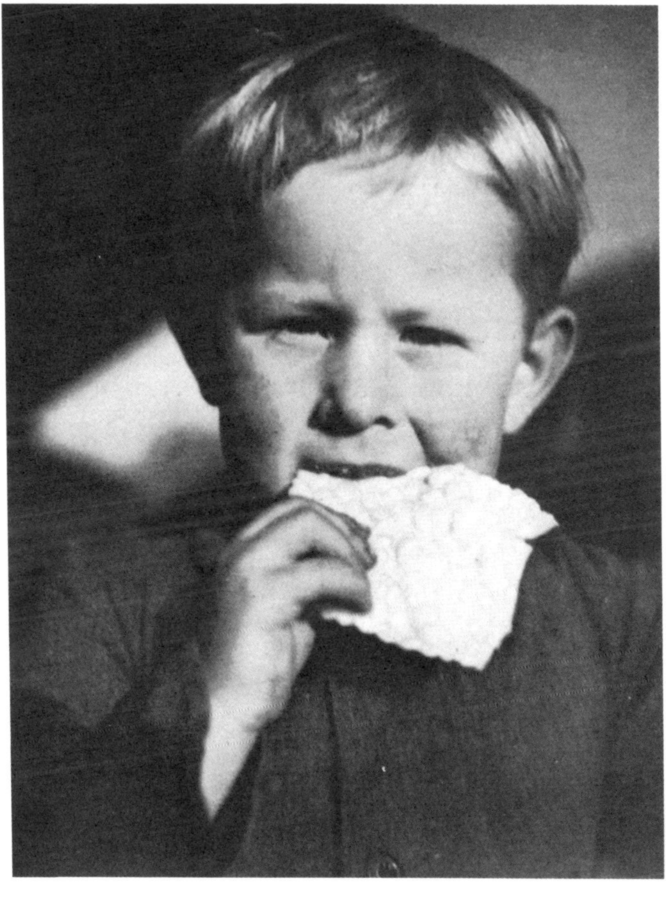

„isch er jetz dunte g'si, der Elifont?" Da baute sich der Gabriel über's ganze Gesicht strahlend und beide Hände in die Seiten gestützt vor ihm auf: „Du", erklärte er in seiner bäuerlichen Gnitzheit, „du, wo i nab kumme bin, isch'r grad um's Eck g'witscht!" – Beide prusteten laut lachend los, der Lehrer aber muss den Kleinen einfach in den Arm nehmen! 2:0 für den Gabriel und seine herzerfrischende, sonnige Art.

Bis zu seiner Entlassung aus dem neunten Schuljahr aber blieb ihm immer eines haften: der Spitzname „de Elifont".

Wortarten

Gar manche Dinge wollen und wollen den uns zum geistigen Wachsen und Gedeihen anbefohlenen Kindern einfach partout nicht in ihre sonst oft so fixen Köpfchen und Gedankengänge hinein. Immer wieder meint man, den Beweis geliefert zu bekommen, in gewissen Bereichen auf der Stelle zu treten. Besonders frustrierend kann dies sein, wenn es sich um grundlegende Dinge handelt, auf denen gewisse andere, uns oft selbstverständliche Folgerungen aufgebaut werden sollen.

Solche Haken und Ösen liegen im Rechtschreibunterricht geradezu blank. Während einige mit traumwandlerischer Sicherheit die Wörter richtig mit großen oder kleinen Buchstaben beginnen lassen, scheint dies bei einem von Jahr zu Jahr immer größer werdenden Teil auf dem „Schrotflintenprinzip" zu beruhen: Mehrere probierte Varianten lassen vielleicht einmal einen Treffer zu! Das Ergebnis präsentiert sich wenig später in viel Rot getaucht – hier allerdings nicht die Farbe der Liebe...

Das Übel ist erkannt, deswegen wird folgerichtig versucht, ihm mit vermehrtem Üben beizukommen. Dazu müssen die Wortarten sitzen, meint die Lehrerin und lässt sich immer wieder eine andere Spielart einfal-

len, um die Namen-, Tu- und Wiewörter zu entlarven – Begriffe, die nun schon jahrelang bekannt sind.

Wieder einmal – die Grundschulzeit der Klasse neigt sich langsam dem Ende zu, und die Lehrerin hofft, dass ihre Schutzbefohlenen, in den verschiedenen aufbauenden Schularten mit all dem notwendigen Rüstzeug versehen, ihren guten Weg gehen mögen – wieder einmal wirft sie zur Probe ein Wort in die Runde und ruft flugs den Nächstbesten auf: „Franzli, was isch ›durstig‹ für e Wort?“ Der ruhige und eher zurückhaltende, aber sehr ernsthaft arbeitende Zehnjährige, der sich immer noch nicht mit seiner Brille abgefunden zu haben scheint und einen deshalb gerne drollig über ihren Rand anschaut, strahlt sie an und stellt im Brustton der Überzeugung fest: „E gonz normals ... !“

Äätsch...!

Alle Unterrichtsfächer dürfen bei den meisten Schülern ausfallen, nur der Sport nicht. Nach dem oft langen Stillesitzen und dem großen Bewegungsdrang unserer Kinder haben die Turnstunden ganz hohen Stellenwert.

Nun ist dazu noch ein neuer Sportlehrer ins Dorf gekommen, von den Kleinen wie den Großen mit Spannung erwartet. In seiner ersten Unterrichtsstunde holt er die Jüngsten ab und führt sie in die nahegelegene Turnhalle. Rasch ziehen sich die Buben und Mädchen in ihren Umkleidekabinen um und eilen in die Halle. Dort scharen sie sich erwartungsvoll und wie immer, wenn etwas Neues lockt, ganz brav um den Lehrer, ihn von allen Seiten beäugend und begutachtend. Noch kennt er ihre Namen gar nicht.

Einem ganz kecken Mädchen mit wippenden Zöpfchen und einem fröhlichen Stupsnäschen fällt – und nicht nur jetzt, wie der Sportlehrer bald feststellt – offensichtlich das Stillsein ordentlich schwer, und so stupft es den Lehrer am Arm und erzählt, erwartungsvoll und prüfend sein Gesicht auf die Reaktion anschauend: „Du, weisch was? Mir hen d'letscht Woch jungi Hundli griegt, die hen d'Äigli noch zue un sin gonz klei." Nun scheint der Bann gebrochen zu sein, und so ganz will

man der Kameradin die alleinige Aufmerksamkeit und Bewunderung des Lehrers nicht gönnen. Der sollte ja nicht denken, dass man nicht auch etwas zu bieten hatte. Und so sauste flugs bei einem zweiten Mädchen der Finger hoch: „Un mir hen sechs kleini Kätzli, ludder schwarz-wissi, die sin au no blind“, verkündete es, sich vor dem Lehrer auf die Zehen hochreckend, um ja Gehör zu finden.

Je nun, womit konnte man nach solchen Neuigkeiten noch ebenfalls Eindruck schinden und eins draufsetzen? In den kleinen Köpfen schien es zu rumoren. Da drängte ein drittes Maidli, mit beiden Ellenbogen sich Platz schaffend, zum Lehrer vor. „Un äätsch“, verkündete es mit unüberhörbarem Stolz und Triumph in der Stimme, dass ihm doch noch rechtzeitig etwas Schlagkräftiges eingefallen war, „un äätsch, hit Nacht isch unseri Großmuedder g'schtorbe…!“

Von Mann zu Mann…

Ein rabenschwarzer Tag war es für den Paul heute gewesen: Eine Arbeit mit einer Note, die erst mal den Eltern vorgelegt sein musste, hatte er gleich in der Frühe zurückbekommen. Vom Rektor gab es wenig später eine ordentliche Gardinenpredigt, weil man mal wieder bei einem ruchbar gewordenen Schulstreich maßgeblich beteiligt war, und nun war auch noch das eingetreten, was die Lehrerin – wohlwissend warum – vor der Geschichtsarbeit laut und deutlich angekündigt hatte: „Wer sich unlauterer Hilfsmittel bedient, also auf irgendwelche Art und Weise durch Abspicken seine eigenen Wissensqualitäten aufzubessern versuchen sollte, muss die Arbeit sofort abgeben und erhält eine Sechs.“ Ob das alle verstanden hätten, vergewisserte sie sich noch. Auch er, der Paul, hatte brav dazu genickt, genau wissend, dass seine Lerndefizite diesmal ziemlich gewaltig waren. Hatte es doch bis zum Vortag für einen 14-jährigen Kerl wie ihn viel Wichtigeres zu tun gegeben, als sich mit längst vergangenen Zeiten herumzuplagen. So war es zum dritten Tiefschlag dieses Morgens gekommen, denn allzu dumm – den Vorwurf

musste er sich machen – hatte er versucht, seinen Spickzettel an den Hintermann zu bringen.

„Paul, es tut mir furchtbar Leid", klang es ihm noch in den Ohren, als er hängenden Kopfes nach Unterrichtsschluss das Schulhaus verließ und heimtrottete. Gerade als er jedoch an der gegenüberliegenden Turnhalle vorbeikam, sah er den Sportlehrer dort die Tür abschließen. Den gewahr werdend, durchzuckte den Paul trotz all seines Elendes plötzlich der Gedanke, dass dieser ja der Ehemann derer war, die ihn kurz zuvor in seine missliche Lage gebracht hatte. Voll aufkeimenden kameradschaftlichen Mitleides, eben so richtig von Mann zu Mann, rief er deshalb kurzentschlossen dem oben auf der Treppe Stehenden zu: „Schnurr, bass uff, dinni Frau isch hit nit guet uffg'legt, mir het sie au schu e Sechser verbasst!"

Verborgenes Talent

Der Frühling drängt nach einem langen kältereichen Winter mit Macht ins Tal. Ein strahlend schöner Tag lugt zu den großen Schulfenstern herein, und wenn man sie öffnet, kann man ihn geradezu riechen. Kopfüber hängen die Meisen fröhlich „dengelnd" in den schwankenden Zweigen der schlanken Birke im benachbarten Garten, deren weiße Rinde einen herrlichen Kontrast zum tiefen Frühlingsblau des wolkenlosen Himmels bildet.

Auch drinnen in der Schule macht sich die schwebende Leichtigkeit der neuen Jahreszeit bemerkbar. Es geht auf Ostern zu. Die Erstklässler haben in Abwesenheit ihres Lehrers einen herzigen Osterhasen an die Tafel gemalt. Als ich an der offenstehenden Tür vorbeikomme und ihn betrachte, hat's der kleine Andreas auf meine Frage, wer denn den schönen Hasen gemalt habe, sehr wichtig: „Ha, de Oliver", antwortet er und fügt vorwurfsvoll hinzu: „Siehsch denn du des nit?"

Die Sache mit dem Ehrgeiz …

Ein neuer Buchstabe war eingeführt bei den Erstklässlern, begeistert hatten sie ihn in Empfang genommen, zumal er in einer wunderschönen und spannenden Geschichte verpackt zu ihnen gekommen war. Nun sollte er im Anschluss daran auch zu schreiben gelernt und geübt werden. Mit Feuereifer machten sich die Kleinen daran. Nach anfänglichem Rascheln beim Richten der Heftseiten und Hervorkramen der Schreibgeräte kehrte bald Ruhe ein, standen doch Lob und kleine Belohnungen für's Schönschreiben in Aussicht, die heiß begehrt waren.

Gar manche Zungenspitze schrieb, zwischen die Lippen geklemmt, Buchstabe um Buchstabe andächtig mit. Richtig zum Liebhaben waren sie der Lehrerin in solchen Augenblicken, wenn sie quer durchs Klassenzimmer auf die über die Hefte gebeugten Köpfe blickte. Sehr schön schrieben sie heute, konnte sie, von einem zum anderen gehend, dann erfreut feststellen, bis sie an den Platz des kleinen Rainer kam, der sich, seit er in der Schule war, nicht gerade als einer der Schnellsten und Ehrgeizigsten zeigte. Eine richtige Arbeit daheim auf dem Hof, wenn es dem Vater zu helfen galt, dünkte ihn weit mehr als der Schulkram. Wohlgemerkt, nicht dass er's nicht gekonnt oder kapiert hätte, ganz und gar nicht, aber vom Ehrgeiz ließ er sich nicht gerade gern packen.

So purzelten bei ihm halt auch diesmal wieder die Buchstaben wie vom Winde verweht hin und her. Eine

Weile stand die Lehrerin neben ihm und schaute ihm zu. Da ihn auch dies nicht zu vermehrter Anstrengung anzuspornen schien, versuchte sie es auf andere Weise: „Ja, sag emol, Rainer, geht des bei dir nit e bissili schöner? Bisch du z'friede mit dem do?" Der Rainer unterbricht sein Tun nur einen Augenblick, wirft prüfend einen Blick über das Blatt und meint dann, aus den Augenwinkeln zur Lehrerin hinaufschielend, kurz und bündig: „Mir duet's'es!"

Was wollte man dagegen noch sagen...!

Gesunde Ernährung

Als vor etlichen Jahren in unseren Schulen die strenge Geschlechtertrennung bei manchen Betätigungen durch die Einführung der für Jungen und Mädchen gemeinsamen Unterrichtung in Handarbeiten, Hauswerk und Technik aufgelöst wurde, führte dies in der ersten Zeit zunächst einmal zu heißen Diskussionen. Die Vorstellung von strickenden, kochenden und an der Nähmaschine sitzenden Jungen und feilenden und sägenden Mädchen brauchte ihre Zeit, bis sie wie heute zur Selbstverständlichkeit werden konnte.

Am leichtesten mit der Eingewöhnung taten sich unsere Buben erwartungsgemäß mit dem Kochen, zumal da am Ende ein Mittagessen, ein Kuchen oder ein leckerer Nachtisch auf den Verzehr warteten. Dann jedoch setzte eines Tages eine Trendwende ein, die vor allem dem Hans schwer zu schaffen machte: Die damalige Lehrerin hatte sich auch vorgenommen, den Kindern die Grundsätze gesunder Ernährung beizubringen. Nicht zur Freude aller, wie sich bald herausstellte, denn viele der Bauernkinder machten damals noch am liebsten einen Bogen um alles, was Vollkorn hieß.

An diesem Tag hatte es Pausenbrote zu belegen gegeben. Auf selbst gebackene Vollkornbrötchen kamen Gelberüben- und Tomatenscheiben und Salatblätter „un so Kram halt!", wie der Hans und der Frank nach den drei Stunden im anschließenden Technikunterricht pausenlos herumgrantelten. Dem vor Kraft nur so strotzenden Hans wäre eine rechte Bratwurst zum

Herunterbeißen in der Pause mit Sicherheit lieber gewesen.

Immer noch die ihn an Gras erinnernden grünen Salatblätter auf seinem Brot vor Augen, machte er sich eine Weile über sein Werkstück her und funktionierte nur so daran herum, bis es nach einiger Zeit mit Überdruck aus ihm herausbrach: „Wenn des no vier Woche so widdergoht, no fong i on z'grunze wie e Sou, selli kriege bi uns s'gliche!", bruddelte er hinter seinem Werkstück hervor.

Die gesundheitsbewusste Lehrerin jedoch war weit vom Schuss und ahnte nichts von den Leiden des jungen Hans...

Missverständliches Entgegenkommen

Noch vor etwa dreißig Jahren musste man als Lehrer – je nachdem, wo man tätig war – in landwirtschaftlich strukturierten Gegenden auf die verschiedenen Erntezeiten Rücksicht nehmen. Damals war man maschinell noch nicht so ausgestattet, sodass jede helfende Hand vonnöten war. Während der Erdbeerzeit hatten unsere Schüler morgens, wenn sie zur Schule kamen, schon ein paar Stunden bei der mühsamen Arbeit des Pflückens draußen auf den Feldern verbracht, sodass sie während des Unterrichts oftmals die Müdigkeit übermannte.

Ganz selbstverständlich war es in dieser Zeit üblich, dass man kaum oder keine Hausaufgaben stellte. Auch während der Wein-, Kartoffel- und Heuernte sowie bei der Einfuhr des Öhmdes wurde beim Lehrer oft für die Helfer freigefragt. Meist wären unsere Schüler aber lieber zur Schule gegangen, als in der brütenden Hitze die doch schwere Arbeit zu verrichten.

Es war in einem von viel drückender Schwüle geprägten Sommer, in dem so manches Gewitter den Lohn der Arbeit beim Heuet bedrohte. Ich kannte als junge Lehrerin gerade erst meine vierzehnjährigen Mädchen, aber noch nicht deren Eltern und ihr heimisches Umfeld. Da empfing mich eines Morgens Monika schon an der Tür und fragte mich, ob sie für den nächsten Tag frei bekommen könne. Der Vater habe gestern in Anbetracht der guten Witterung den ganzen Tag gemäht, und morgen solle das Heu eingefahren werden.

Eine schriftliche Entschuldigung vom Vater habe sie auch dabei, berichtete sie mir und zog ein sorgfältig zusammengefaltetes Blatt aus ihrer Schultasche. „Werte Lehrerin“, las ich da und die sauber geschriebene Begründung für das Freifragen. Schon wollte ich den Brief beiseite legen, da fiel mein Blick auf den abschließenden Gruß, den ich zunächst während der Zusage für Monika nicht näher wahrgenommen hatte. Da stand es Schwarz auf Weiß von Monikas Vater an die „werte Lehrerin“ geschrieben: „Ich danke Ihnen für Ihr Entgegenkommen im Heu…!“

Was das Leben schön macht

Es ist ein ganz gewöhnlicher Arbeitstag, ich muss zu einer Tagung und fahre im Berufsverkehr hinter einem Pkw in Richtung des Nachbarstädtchens. Noch etwas entfernt wird ein Fußgängerüberweg sichtbar, am Rande erkenne ich zwei Grundschüler mit ihren Ranzen. Der Autofahrer vor mir, ob in Gedanken oder Eile, saust ihnen an der Nase vorbei über den Zebrastreifen.

Im Anhalten sehe ich das Erstaunen und Nichtverstehen in den kindlichen Gesichtern der beiden Knirpse erscheinen. Nun überqueren sie vor mir die Fahrbahn. Ich schaue ihnen nach, lege schon langsam bei durchgedrückter Kupplung den Gang ein, als Dreiviertel des Zebrastreifens schon hinter den beiden liegen.

Da plötzlich dreht mir der eine Junge, schätzungsweise ein Drittklässler, sein Gesichtchen zu: Blond,

braungebrannt, blauäugig mit ein paar Sommersprossen über die Nase gestreut, schickt er mir ein bezauberndes Jungenlächeln herüber, hebt gleichzeitig den linken Arm dreiviertels hoch und winkt, die fünf Fingerchen abwechselnd bewegend, dem Lächeln, das er vorausgeschickt hatte, leicht nach.

So einfach aus dem Herzen heraus kam's, dieses berührende, das ganze kleine Gesichtchen überziehende Dankeschönlächeln...

Nun ist der Morgen irgendwie anders geworden, und der ganze Tag wird davon zehren. Wie wenig braucht es, denke ich im Weiterfahren, um uns und den Mitmenschen das Leben schöner zu machen. Warum tun wir's eigentlich nicht?

„D" wie „Doris"...

Die ähnlich klingenden Laute wie d und t, g und k sowie b und p haben's für viele unserer Schulkinder in sich, vor allem, wenn sie am Ende eines Wortes oder einer Silbe postiert sind. Für gar manche beginnt die Tücke der Rechtschreibung dieser Buchstaben aber schon am Wortanfang, und dann wird's für die Lehrerin noch schwieriger, ein Allheilmittel zur Abhilfe zu finden, und so versucht sie es mit dem Buchstabieren in Wörtern, das beim Telefonieren gebräuchlich ist, um je nachdem tückische Missverständnisse zu vermeiden.

Um den ersten Buchstaben eines Wortes geht es diesmal, bei dem im Diktat rot angestrichen ein „T" prangt.

Man schreibt es aber mit „D“. „D“ wie „D-oris“ sage ich überdeutlich, damit auch keine Verwechslungsmöglichkeit mehr besteht. Da gibt es bei Bärbel in der zweiten Klasse gleich Assoziationen: „Doris? So heißt minni Tante“, verkündet sie laut und stolz, einen Beitrag zum Unterrichtsverlauf leisten zu können. Das wiederum bringt ihren Klassenkameraden Thomas auf den Plan, der als Sohn von einem hoch oben über dem Dorf liegenden Hof eher landwirtschaftlich denkt. Postwendend bringt er zu Gehör, was ihn an den Namen Doris erinnert. So streckt er rasch seinen Finger in die Höhe und berichtet uns, nachdem er aufgerufen ist: „Un mir hen e Kueh im Schtall, wo Doris heißt!“

Schulschwänzer

In der Zeit um den Ersten Weltkrieg gingen die Kinder in einer kleinen Gemeinde des mittleren Schwarzwaldes in die so genannte „Hirtenschule“, das heißt die Schüler der ersten vier Klassen wurden im Sommer vormittags, die „großen“ Schüler nachmittags einbestellt, damit letztere am Morgen zur Arbeit auf den Höfen und dabei vor allem zum Viehhüten zur Verfügung standen. Im Winter war es umgekehrt.

Von einem solchen Bauernhof, weit oben gelegen und einiges vom Dorf entfernt, machten sich zwei Bauernbüble im ersten Schuljahr tagtäglich vormittags auf den Weg zur Dorfschule. Eines Tages, an einem schönen sonnigen Frühherbstmorgen entdeckte einer von ihnen oberhalb des Weges einen „Heselbosch“ (Haselstrauch), der voller reifender Haselnüsse hing. Dies wiederum war für die beiden ein gewichtiger Grund, um den Schulweg zu unterbrechen. Bald verweilten sie sich gott- und zeitvergessen mit Nüsseknacken, und es dauerte recht lange, bis sie merkten, dass es nun zu spät geworden war, um noch rechtzeitig in die Schule zu gelangen.

Zu ihrem großen Schrecken hörten sie dazu noch plötzlich ein Rumpeln, das sich immer mehr näherte. Mucksmäuschenstill unter ihren „Heselbosch“ geduckt, warteten die beiden Sünder ab, bis der Holzwagen, der in Richtung ihres Heimathofes fuhr, an ihnen vorüber war, damit der Holzhändler sie ja nicht entdeckte.

Bis zum Nachmittag hielten die Zwei es so gut aus. Nun kamen die restlichen Schüler von den Höhen herab, die zum Nachmittagsunterricht der Hirtenschule ins Dorf unterwegs waren. Rasch und noch vor dem Entdecktwerden ihres Versteckes sprangen die beiden auf den Weg, gingen den Großen entgegen, als kämen sie eben vom Dorf und berichteten diesen ohne Bedenken und wohl in dem Glauben, dass für sie selbst bei einigen Mitschwänzern die Strafe nicht so groß ausfallen würde, es sei heute keine Schule.

Alle sieben kehrten um und erzählten zuhause überall die hochwillkommene Mär. Und weil das Ganze so schön und erfolgreich war, wiederholten die zwei Erstklässler anderntags das Geschehen vom Vortag nochmals. Zuhause schöpfte bislang auch bei keinem der Schüler jemand Verdacht.

Als sie am dritten Tag wohl oder übel wieder zur Schule mussten, denn ein weiteres Mal getrauten sie

sich nun doch nicht, den Streich zu wiederholen, war Böses zu befürchten. Der Lehrer ließ die beiden Sünder mit gestrenger Miene vor sich treten. „Was soll ich jetzt mit euch machen?“, grollte er drohend, „soll ich euch einsperren oder verhauen?“ Einer der beiden Erstklässler, damals schon trocken-schlitzohrig, meinte, vorsichtig von unten zum Lehrer hochschielend, aber doch keck: „Des kenne n'r halte, wie'r wenn!“ (Wie Ihr wollt). Da musste der humorvolle Lehrer lachen, und es gab wider Erwarten keine Strafe.

„Deheim“, erzählte mir dann der Zweite der damaligen Erstklässler und mittlerweile Hochbetagte lachend, „deheim isch'es no e weng schtaubiger zuegonge!“

Fehler

Manche unserer Schüler führen einen jahrelangen unerbittlichen und, wie es leider oft akzeptiert werden muss, einen vergeblichen Kampf um die richtige Rechtschreibung. Aber selbst dabei zeigen meine Siebtklässler-Buben und -Mädchen, dass sie den trockenen Humor von ihren Vorfahren ererbt haben.

Wieder einmal ist ein Diktat angesagt, um einmal mehr sich und der Lehrerin zu beweisen, dass es mit dem rechten Schreiben aufwärts geht. Wie gewohnt lese ich zuerst den ganzen Text am Stück vor. Alle hören aufmerksam zu, um im Vorfeld schon einiges im Geiste für sich abzuklären. Ich lasse den angestrengt Denkenden in Ruhe noch etwas Zeit.

Gerade, als ich mit dem Diktieren beginnen möchte, seufzt der 13-jährige Berthold drüben in der Fensterreihe tief auf und meint plötzlich mitten in die herrschende Stille hinein: „Oh je, do henn e paar Fehler Platz!“

Dankgebet

An einem milden Sommerabend, als im Westen die Sonne unterging und im Osten schon der Mond golden und voll am Himmel stand, eine Drossel ihr letztes Lied sang und ein großer Friede über der Landschaft um unser

Schullandheim herum lag, saßen wir, die Schüler und Schülerinnen meiner achten Klasse, mein Mann und ich und unsere kleine Tochter auf dem Grashügel hinter der Hütte und beschlossen spontan, den Feldgottesdienst am kommenden Sonntag zu einem Dankgottesdienst zu machen und ihn mit einem auf uns abgestimmten und von uns erdachten Gebet mitzugestalten. Wir hatten bis dahin schon eine zauberhafte gemeinsame Zeit in der Hütte weitab vom nächsten Dorf verbracht, sodass die Sätze, von denen jedes von uns dann einen auswendig vortragen wollte, geradezu aus den jungen Menschen

herausströmten. Sie beinhalteten soviel Zartheit und brachten eine Art von Innerlichkeit nach außen, wie man sie jungen Menschen der heutigen Zeit gar nicht mehr zutraut. Mir haben sie sich bis heute unlöschbar eingegraben, und ich hole sie mir manchmal innerlich hervor, wenn Zweifel und Enttäuschungen schwer auf einem lasten.

O Gott, ich danke dir...

... für die Schönheit dieser Landschaft, der Wiesen, Felder, Berge und Wälder
... dass es die Sonne mit ihrer Wärme und fröhlichen Helligkeit gibt
... dass wir diese schönen vierzehn Tage gemeinsam erleben dürfen

... dass du uns damit eine einprägsame Erinnerung für unsere späteren Jahre schenkst

... dass wir eine so gute Klassengemeinschaft haben

... für das gute und reichliche Essen und die Geborgenheit, die wir in diesem Hause finden

... dass du uns in den vergangenen Jahren zu guten Freunden werden ließest

... dass du uns durch die Schwierigkeiten, die manchmal in dieser Zeit auftauchten, reifer werden ließest

... für die Ehrlichkeit aller meiner Klassenkameraden hier oben, die jegliches Misstrauen und Abschließen unnötig machte

... für die Hilfsbereitschaft und Rücksichtnahme, die sich in dieser Zeit bei uns entwickelte

... dass es Menschen gibt, die so herrliche Spiele erfinden können, an denen wir Freude haben

... für die vielerlei Formen und Arten von Tieren und Pflanzen, die für uns leider schon zur Selbstverständlichkeit wurden

... dass du uns für die kleinen Schönheiten des Lebens die Augen geöffnet hast

... für die Fröhlichkeit, die wir hier oben erleben dürfen

... dass wir einen Tag lang die Schönheit des Vierwaldstätter Sees, der Schweizer Landschaft und die imponierende Technik der großen Flugzeuge erleben durften

... ich danke dir für den Stern, der neulich allein neben dem Mond aufleuchtete, als wir auf dem Hügel hinter unserer Hütte saßen und dieses Gebet erdachten.

Ein Lob der Musikalität

Das Vereinsleben in der kleinen Gemeinde blühte seit Jahr und Tag, und man war stolz darauf. Woche für Woche trafen sich die aktiven Mitglieder, um am Feierabend in Geselligkeit ihren Neigungen zu frönen und je nach Gelegenheit das Einstudierte der Allgemeinheit zu deren Freude zu Gehör zu bringen.

Den Gesangverein des Ortes leitete, wie es sich gehörte, seit vielen Jahren der Leiter der Dorfschule. Allwöchentlich übten die Männer zunächst treu und brav mehrstimmige Sätze von Silcher und Schubert ein und hatten einige Mühe, bis sie dem geschulten Ohr des dirigenten gerecht wurden.

Mindestens genau so wichtig aber war der anschließende gemeinsame gemütliche Hock abwechselnd in einer der Dorfwirtschaften.

In diesen langjährigen so gewohnten Ablauf kam eines Tages plötzlich etwas Wirbel, als einer die Meinung kundtat, man könne doch einmal den Versuch wagen, weibliche Stimmen einzubeziehen und einen gemischten Chor zu bilden. Nach eingehender Beratung und dem Einverständnis des Dirigenten entschloss man sich, den Vorschlag anzunehmen. Nun galt es, genügend gute Sängerinnen für das Vorhaben zu begeistern. Und tatsächlich, die Resonanz war größer als erwartet.

Eines Tages klopfte gar eine Mutter an die Schultür und erklärte dem Rektor, sie wolle gerne ihre Tochter für den gemischten Chor anmelden. Erfreut fragte der Rektor, ob diese denn eine gute Stimme habe. „Sell

weiß i nit", meinte da die Mutter zögernd und etwas nachdenklich, um dann aber schnell und voller Überzeugung hinzuzufügen: „Aber sie het e scheeni Melodie!"

Eine Art Schwerhörigkeit...

Deutschunterricht in der dritten Klasse. Petra ist nicht gerade ein Held im Lesen und Rechtschreiben, sie ist dafür besser im Herumtoben und Rennen. Im Ringen der Buben kämpft sie wie ein Profi mit. Ihre kurzen Haare, die stämmige Figur und ihr robustes Gehabe lassen sie eher einem Jungen gleichen als einem Mädchen, und ihr Sportlehrer, bei dem sie wie ein Kugelblitz über alle Hindernisse saust und durch die Halle wieselt, ruft sie der Einfachheit halber „Peter". Petra macht das nichts aus, im Gegenteil, sie mag gern für einen Jungen gehalten werden – noch!

Nun, wie gesagt, mit den Buchstaben kämpft Petra einen vergeblichen Kampf. Heute soll sie ein Wort an die Tafel schreiben. „Hm?", fragt sie zurück, als habe die Lehrerin zu leise gesprochen und um eine Bedenkpause herauszuschinden. Sie bekommt es laut und deutlich wiederholt. Doch deswegen wird die Ratlosigkeit in ihrem Gesicht, aus dem das Himmelfahrtsnäschen nun gar nicht mehr so keck herausschaut, nicht geringer. Nachdem Petra auch beim dritten Diktat auf Nichtverstehen mimt – in solchen Fällen pflegt immer ihr Talent zum Schauspielern aufzublitzen – poltere ich im

Spaß los, weil ich weiß, dass das Maidli diese Art am besten versteht: „Ja dundere Leder, heersch denn du nitt guet? Ich glaub, du muesch emol Dinni Ohre besser butze“!

Aber da komme ich bei Petra gerade auf's richtige Geleis, wo sie wieder Boden unter die Füße bekommt und sich ihrer Sache endlich sicher ist. Sie pumpt wie ein Maikäfer und schmettert mit rotem Kopf und stolz geschwellter Brust sowie abwehrender Handbewegung zu mir und dann in die Klasse hinein: „Minni Ohre? Ha, selli hab'i schu mindeschdens e gonzes Johr nimmi butzt..!“

Rechenkünstler

Einen noblen Spender zu haben, durch den lang gehegte geheime Wünsche, mit denen man den Schulträger nicht belasten möchte, verwirklicht werden können, ist für eine Schule immer eine feine Sache und erweckt bei Lehrern wie Schülern Freude.

Große Begeisterung und Dankbarkeit löste deshalb eines Tages der Direktor der Sparkasse aus, als er der Schule eine geräumige Vitrine überreichte, in welcher die Schüler in Zukunft ihre handgefertigten Unterrichtsergebnisse bestens zur Schau stellen konnten, und die Schule so eine wunderbare Darstellungsmöglichkeit gegenüber ihren Besuchern bekam. Stolz präsentierten darin gleich als Erste die Zweitklässler ihre hübschen Webereien in einer Astgabel, die sie nach Eindrücken eines Museumsbesuches in urgeschichtlicher Weise mit bunten Perlen und Federn verziert hatten.

Dem Bankdirektor, ohne dessen großzügige Spende diese Anschaffung nicht möglich gewesen wäre und dessen „Herz für Kinder" sich hier wieder einmal gezeigt hatte, bot sich so bei der Einweihung gleich ein farbenprächtiges und interessantes Bild. Die Zweitklässler durften bei dieser Präsentation alle dabei sein.

Umringt von der fröhlich plappernden Schar machte er anschließend – getreu seines Standes – spaßhalber noch ein paar Rechenstückchen mit den Kleinen. Als er bei der Stellung einer leichten Zweitklässleraufgabe den Schülern stolz verkündete, dass er selbst das Ergebnis auch wisse, zwinkerte ihm der siebenjährige Achim zu und meinte im Brustton der Überzeugung und voller Verständnis: „du muesch'es jo wisse, du bisch doch bi de Schbarkass!“

Schwarzwälder Vorsicht

So recht bewusst konnte es den kleinen Erstklässlern zunächst noch nicht werden, was das auf längere Zeit für sie bedeuten würde, als eines Morgens nicht wie gewohnt ihr Klassenlehrer zur Tür hereinkam, sondern eine Lehrerin. Unbekannt war diese ihnen zwar nicht – sie kannten ja alle Lehrer ihrer zum Glück noch kleinen und übersichtlichen Schule –, aber Unterricht hatte sie bei ihnen noch keinen gegeben. „Isch de Lehrer kronk?“, kombinierte gleich einer der kleinen Schlaumeier, und in der Tat hatte der arme Pädagoge plötzlich das Klassenzimmer mit dem Krankenhaus vertauschen müssen.

Der Reiz der „neuen“ Lehrer, die sich in den nächsten Tagen und Wochen abwechselten, um den Stundenausfall in der so wichtigen ersten Klasse so gut wie möglich zu überbrücken, verblasste aber bei den meisten ziemlich bald. Auch das Neue wird eben nach einiger Zeit zum Alltagsgebrauch. Gerade im rechten Moment kam deshalb die Ankündigung, die Klasse werde nach den Ferien als Krankheitsvertretung eine Lehrerin von auswärts ganz für sie alleine bekommen.

Gespannt lugten die Siebenjährigen am ersten Schultag nach der Tür, und da trat sie lächelnd ein, das war schon einmal etwas! Aber ganz so auf die Schnelle lässt sich ein echtes Schwarzwälder Schülerherz ja nun doch nicht einnehmen, was sich am Ende des Vormittags beim Turnunterricht dann auch herausstellte. „Weisch’es schu? Mir hen e neiji Lehreri!“, verkündete des „Wälderbuure Konrad" gleich zu Beginn dem Sportlehrer. Als dieser meinte, das sei aber schön für die Klasse, ritt ihn zum Schluss doch noch ein wenig das Teufele, die als äußerst gnitz bekannte Meinung des Konrädle zu erfahren. Und natürlich wurde er nicht enttäuscht: „Ja un, wie isch sie?", fragte er den Kleinen mit interessierter Miene. Man muss das schlitzohrige Gesicht des Siebenjährigen eigentlich dazu gesehen haben, um seine Antwort so richtig auskosten zu können, als er vieldeutig den Kopf bedächtig hin- und herwiegend meinte: „Ich dät sage: Sie losst sich nit schlächt o...!"

Jakob, die Schulkrähe

Unterwegs zur Prüfung einer jungen Lehrerin, fuhr ein Oberschulrat vor Jahren in einer kleinen Schwarzwaldgemeinde auf den Schulparkplatz. Ein trüber, frostiger Wintertag hatte den Schulaufsichtsbeamten morgens beim Blick auf das Thermometer veranlasst, seinen warmen Kamelhaarmantel auf den Rücksitz des Wagens zu legen. Gerade als er ausstieg und sich anschickte, diesen Mantel anzuziehen, nachdem er seine Autoschlüssel vorsichtshalber oben auf das Wagendach gelegt hatte, um sie ja nicht nach dem Knöpfchendrücken im eigenen Auto einzuschließen, ließ sich auf der Kühlerhaube seines Wagens ein zerzauster schwarzer Bursche nieder. Er war im Ort längst als „Jakob, die Schulkraij" bekannt und beäugte interessiert die Scheibenwischer des Gefährtes. Völlig überrascht, aber auch argwöhnisch seine Wischerblätter beobachtend, dachte der Oberschulrat noch: „Ein wirklich zutrauliches Tier!" In Eile griff er nach seiner Aktentasche auf dem Rücksitz. In diesem Moment stürzte sich Jakob, als ob er nur darauf gewartet hätte, auf den Schlüsselbund und entschwand mit dem begehrlichen Ding in Windeseile hoch oben auf das Dach der benachbarten Turnhalle. Von dort betrachtete Jakob, den Kopf schräg nach unten geneigt, mit einem Auge interessiert den mit einem Dorfbewohner wild gestikulierenden Oberschulrat. Indessen waren die beiden rasch von einer immer größer werdenden Kinderschar umgeben, die bald in helles Gelächter ausbrach und natürlich – wer kann's ihnen verargen – auch diebische Freude äußerte. Wie so alle, die Blicke nach oben erhoben, die Straße blockierten, gewahrte der Rektor, den Schulaufsichtsbeamten längst erwartend, vom Fenster aus die merkwürdige Ansammlung mit dem fuchtelnden Oberschulrat in der Mitte. Entsetzt über die Ungebührlichkeit und Respektlosigkeit vor einem damals noch als hohen Schulamtsgewaltigen angesehenen Herrn, eilte er mit hochrotem Kopf auf die Straße, nicht ohne noch rasch Hilfe suchend den Sportlehrer herbeizuzitieren. Nun war guter Rat teuer. Alles durfte passieren, nur nicht, dass Jakob mit dem Schlüsselbund davonflöge, weil dann des Oberschulrats Auto-, Haus-, und Amtsschlüssel wohl auf Nimmerwiedersehen verschwunden geblieben wären. Noch aber schien Jakob das Spektakel unter sich in vollen Zügen zu genießen, die immer größer werdende Zuschauerschar begrüßte er jedenfalls stets aufs Neue mit lautem Krächzen.

Nur das Maidli von dem Bauernhof, aus dessen Nähe Jakob stammte und das ihm sehr vertraut war, könne hier Abhilfe schaffen, war sich der Sportlehrer gewiss, und das wurde eilig herbeigeholt und nach des Jakobs Lieblingsspeise befragt. Rasch war in einem Geschäft in der Nähe ein Stück Käse besorgt, das die kleine Luitgard, lockende Rufe ausstoßend, in der Luft zu Jakob hinauf hin- und herschwenkte und dann hinter den Scheibenwischer des Autos klemmte. Mit scharfem Kennerblick wollte Jakob sich diesen Leckerbissen offensichtlich nicht entgehen lassen, breitete seine Flügel aus und glitt, sich durch das geschickte Täuschungsmanöver ablenken lassend, zur grenzenlosen Erleichterung von Oberschulrat und Rektor auf die Motorhaube herab. Wieselflink und so rasch wie möglich erklomm nun der Sportlehrer die inzwischen herbeigeschaffte lange Leiter und eroberte die Schlüssel ihrem rechtmäßigen Besitzer zurück.

Während die Kunde „Hen'rs schu g'hert, d'Schuelkraij het'em Schuelrat d'Autoschlissel 'klaut!“ in Windeseile im Dorf die Runde machte, konnte sich dieser vor Lachen schier nicht mehr beruhigen. Im ganzen Schulamt berichtete er von seinem außergewöhnlichen Erlebnis mit dem respektlosen „Rabenvieh“, dessen Streich sogar über Rundfunk verbreitet wurde.

Völlig unberührt davon holte Jakob weiterhin in der Nachbarschaft die Klammern von den an der Leine aufgehängten Wäschestücken, nicht ohne vorher darauf seine nicht immer sauberen Fußspuren zu hinterlassen. Er ernährte sich ungebeten aus vor den Fenstern abgestellten Kochtöpfen, kniff das auf einem Baum in der Nähe der Schule hausende Eichhörnchen mit Vorliebe in den Schwanz, entführte einige Schlüssel der „Kuchikänsterli“ durchs offene Fenster und klopfte fast täglich an die Scheiben des Klassenzimmers, von dem er bald wusste, dass dort seine kleine Freundin Luitgard saß. Der längst pensionierte Oberschulrat aber erzählt heute noch das G'schichtle, wie ihm einmal die „Schuelkraij Jakob“ ungestraft seinen Schlüsselbund stibitzte.

Da lächelte die Patronin...

Durch die Zeitung und sogar durch den Rundfunk weit verbreitet, hatte damals beim Dorfschwätzle, in Stammtischgesprächen, bei Rektorenkonferenzen und hier und da Jakob, die „Schuelkraij“, für genügend Heiterkeit und Furore gesorgt, sodass man mittlerweile

fast stolz war auf den berühmt gewordenen Strolch, und bei manch einer seiner Missetaten wurde nun eher ein Auge zugedrückt. Ein wenig beleidigt mochte ihn ja wohl haben, dass er von manchen gar ungläubig als Fasentsscherz hingestellt wurde…

Denen, die immer noch zweifelten, hätte man seine inzwischen erworbenen Besitztümer wie Thermometer und Skihandschuhe oder auch köstliche, frisch gekeimte Krokusse als Beweismaterial auf den Tisch legen können. Ein Schlüssel, den er eines Tages auf den Sims des Rektoratfensters ablegte, nachdem er zuvor höflich angeklopft hatte, fand rasch seinen Besitzer und zierte seitdem wieder das „Kuchikänsterle", von dem er einige Zeit vorher spurlos und unerklärlich verschwunden war.

Kaum war es damals den fastnachtlichen Gesprächsstoffen gelungen, Jakob etwas in den Hintergrund zu drängen, da ereignete sich im Dorf eine weitere Geschichte, die ebenso wenig ein „Fasentsscherz" war. Diesmal war der Ort des Geschehens die Dorfkirche und dazu noch während des Schülergottesdienstes.

Auch der Schorschli war zu Hause geweckt worden, damit er „rechtzittig in d'Kirch kumme isch". Eilig schlüpfte er in seinen Anorak und kam durch die um diese Zeit noch dunkle Frühe ein wenig verschlafen zu seinem Platz in der Kirchenbank. Als es gerade ganz mucksmäuschenstill war, da begann es den Schorschli plötzlich unter seinem Ärmel, genau über dem Bündchen, zu zwicken und zu kitzeln. Vorsichtig scheuerte er den Arm ein wenig hin und her, um dem unangenehmen Gefühl abzuhelfen. Kurze Zeit war auch Ruhe, dann ging das Gekrabbel von vorne los, aber heftiger. Unruhig werdend, rutschte der Schorschli in seiner Bank hin und her, und langsam wurden die brav neben ihm Knieenden auf ihn aufmerksam.

Was hatte der Schorschli heute nur in seinem Ärmel? Das musste ja schlimmer sein als Juckpulver! Einer, der vorsichtig den Kopf umdrehte, bemerkte plötzlich, wie sich unter dem Stoff etwas Längliches in die Höhe wölbte, und nun war's raus: „E Muus, e Muus, d'r Schorschli het e Muus im Ärmel!" Mit der Andacht war's jetzt natürlich vorbei, aber die Kirchenpatronin mag in Erinnerung an den heiligen Franz von Assisi und dessen Vorliebe für alles Getier von der Höhe des Hochaltares herab verständnisvoll gelächelt haben...

Mit der letzten noch verbliebenen Beherrschung brachten der Schorschli und seine Kameraden den Rest der Messe hinter sich, dann stürzten sie hinaus auf den Kirchplatz, wo der Schorschli eiligst seinen Anorak „lätz" machte und somit dem eingesperrten und verängstigten Mäuslein einen Fluchtweg aus dem umgestülpten Ärmel zeigte, den es auch mit einem weiten Sprung in die Freiheit wahrnahm. Und der Schorschli war der Held des Tages, eines Mäuschens wegen, das für ganz kurze Zeit eine arme Kirchenmaus war...

Donnerwetter

In einer kleinen Schwarzwaldgemeinde wohnte um die Jahrhundertwende der Dorfschullehrer, wie es damals üblich war, mit seiner Familie oben im Schulhaus, in welchem er im unteren Stockwerk vor- und nachmittags seine Schülerschar unterrichtete. Noch recht beschaulich und ungezwungen muss es damals dabei zugegangen sein, denn ein längst auf dem Altenteil, dem Libding, lebender Bauer erzählte hochbetagt, wie der Hund des „Herrn Lehrers“ so abgerichtet war, dass ihn die „Frau Lehrer“ tagtäglich wenige Minuten vor Schulschluss zu ihrem Mann hinunterschickte, damit der ja pünktlich zum Mittagessen kam. Die Dorfschulkinder waren längst an das bekannte und ihnen gar lieblich in den Ohren klingende Kratzen des gelehrigen Tieres gewöhnt, war es doch ein Garant dafür, dass auch für sie die Schule rechtzeitig beendet wurde. Der Lehrer öffnete dann immer die Tür, ließ den Hund ein und gab den Kindern das ersehnte Signal zum Einpacken.

Nun wollte es jedoch eines Tages der Teufel, so erinnerte sich der Alt-Bauer, dass in letzter Minute noch der Kreisschulrat kam, um nach dem rechten zu sehen und – den Hund im Klassenzimmer antraf. Ein Hund im Schulsaal! Während der Lehrer aufgeregt seinen empörten Vorgesetzten zu beschwichtigen versuchte, den Hund, der überhaupt nicht wusste, wie ihm geschah, schnell zur Tür hinausbeförderte und etwas von „Gewohnheit“ murmelte, ließ der Gestrenge nichtsdestotrotz ein gewaltiges Donnerwetter los und seinen ganzen Unmut am Lehrer und an den Leistungen der Klasse aus, die er nun noch trotz der vorgerückten Stunde kreuz und quer überprüfte. „Sackermoscht, het

der debt (getobt)!", lachte der Alt-Bauer beim Erzählen erinnernd in sich hinein. Was er dem Vorgesetzten des Lehrers aber bis an sein Lebensende nie verzieh – so sehr hatte er sich damals darüber geärgert – , war die halbe Stunde, die der Kreisschulrat in seinem Zorn länger unterrichten ließ.

Kleine Größe

Immer wieder faszinierend für einen Lehrer ist der Vorgang des Lesenlernens. Wie dieses Wunder in den Köpfen der kleinen Erstklässler sich so nach und nach vollzieht und dann einfach geschieht, macht einen immer wieder ehrfürchtig. Gewiss bereitet man als Pädagoge alles in wohlverdaulichen Häppchen vor und macht den Weg dorthin so interessant wie möglich, hat man dies doch bei seiner Ausbildung schließlich gelernt, aber der eigentliche Leselernvorgang wird einem auf einer ganz anderen Ebene, außerhalb unseres Könnens zu lehren, schlicht und einfach geschenkt...

Neu erlernte Buchstaben werden mit Begeisterung an eine magnethaftende Tafel, das so genannte „Buchstabenhaus", geheftet. Abwechselnd übernehmen die Kinder diese beliebte Auffüllung der dafür vorgemerkten „Zimmerchen". Heute ist der Jörgli an der Reihe. Er hat großen Spaß daran. Nur reichen seine kurzen Ärmchen längst nicht in die oberste Reihe des Buchstabenhauses hinauf, da er noch einer der Kleinsten der Klasse ist. Doch Jörgli weiß sich zu helfen. Kurz entschlossen holt er seinen Stuhl, stellt ihn vor die Tafel und klettert darauf. Schon den Buchstaben in der Hand haltend, dreht er sich aber zunächst noch einmal zu mir herüber und meint erklärend: „Ich bin ganz schön zu klein…"

Zum Liebhaben…

Philipp hat ein Schwesterchen bekommen. Freudestrahlend kommt er eines Montags in die Schule und erzählt, dass es am Sonntag getauft worden sei. Für die Lehrerin eine feine Gelegenheit, das im Lehrplan

der ersten Klasse vorgeschriebene Religionsthema der Taufe realitätsbezogen zu behandeln.

Aus dem Unterrichtsgespräch ergibt sich die Frage, warum man ein Kind denn überhaupt taufe. Die kleinen Buben und Mädchen zerbrechen sich ihre Köpfchen. Die manchmal etwas schwerfällige Schwarzwälder Art macht es ihnen nicht leicht, ihre Vorstellungen in die Worte zu kleiden, wie sie es empfindend gerne ausgedrückt hätten.

Da schaut Jörgli mich ganz ernsthaft an, legt seine Stirn in die in solchen Fällen bei ihm üblichen Falten und meint: „Sonscht kommt m'r, glaub' ich, nit in Gottes Sege nii...!" Kein noch so studierter Theologe hätte wohl eine innigere und treffendere Formulierung des Taufbegriffs finden können. Richtig zum Liebhaben ist er mir in solchen Augenblicken, mein kleiner, sonst oft so ungebärdiger Jörgli...

Geistesblitz

Tobias ist mit Lesen dran. Er ist ein flotter Leser. Die anderen Erstklässler müssen höllisch aufpassen, dass sie mitkommen, sie haben die Aufgabe, mitzuverfolgen, ob Tobias es schafft, null Fehler zu lesen. Alle sind eifrig bei der Sache, nur Jörglis Gedanken haben wieder einmal Flügel: Fernab allen schulischen Geschehens bewegen sie sich wie so oft in anderen Sphären. Als ich ihn anspreche und frage: „Jörgli, wo hasch denn dein Hirn?", kehrt sein abwesender Blick in die Realität des Klassenzimmers zurück, mit seinen Ohren meine Frage gerade noch erhaschend. „Des liegt, glaub ich, daheim rum un isst“, strahlt er mich an. Doch mit diesem Gedanken scheint ihm plötzlich ein Geistesblitz gekommen zu sein. Er tippt sich mit dem Finger an die Stirn unter dem Blondschopf und erklärt mir und wohl auch sich selbst: „Dann weiß ich jetz au, wer mir immer minni Gutsili wegisst!“

Eine Schnapszahl…

An einem milden, herzerfrischenden Frühlingsmorgen sitze ich im Lehrerzimmer. Es ist mein Geburtstag, aber der kurzfristige Ausfall eines Kollegen bringt eine Stundenplanänderung mit sich, die gleich vonnöten ist, und so versuchen wir gemeinsam, das Bestmögliche daraus zu machen.

Da öffnet sich plötzlich zaghaft die Tür, und ein Erstklässlerle schiebt sein Köpfchen herein, um es gleich wieder zurückzuziehen. „Sie isch do“, höre ich noch, dann geht die Tür weit auf, und draußen stehen sie alle dicht an dicht: die ganze erste Klasse strahlt mich an, irgendwie haben sie es von meinen Schülern erfahren, dass ich Geburtstag habe. „Mir welle dir gratuliere“, ruft einer, und dann strecken sich mir sechsundzwanzig Hände entgegen.

„Ja heieiei, woher wißt ihr das nur?“, frage ich erstaunt. „Ja gell!“, lachen sie stolz, dass ihnen diese Überraschung gelungen ist. Dem Kleinsten, der sich vor mir postiert hat, sehe ich an der Nasenspitze an, dass ihn nun noch etwas drückt, und prompt kommt's auch. Der „Wunderfitz“ lässt's ihn herausplatzen: „Wie alt bisch jetz?“ Bevor die anderen, befremdet über so viel Keckheit, reagieren können, lache ich ihn an und verrate ihm: „S'isch e Schnapszahl!“ Einen kurzen Augenblick überfliegt ein Nachdenken sein Gesichtchen, dann platzt er heraus: „Siebenesiebzig?“

„Ha naij!“, hält da ein anderer sofort empört und belehrend dagegen, „no wär sie jo schu in Rente!“

Komisch, ich kam mir nach dieser herzerfrischenden Gratulation gar nicht so alt vor, eigentlich sogar jünger, als es meiner „Schnapszahl" gemäß gewesen wäre...

Ansichtssache

So alt wie das Schulwesen in unserem Lande, so alt ist auch die Tatsache, dass unsere kleinen und großen Strolche, den Eltern und übrigen Angehörigen über Schulgeschehnisse berichtend, immer eine Version parat haben, in der sie wie die reinsten Engel glänzen. Wahre Unschuldslämmer, gegen die sich die ganze Umwelt verschworen hat, lassen langsam aber stetig den Mitleidspegel anschwellen. Zugegeben, haben wir damals, wenn uns das schlechte Gewissen zwickte, kniff und drückte, nicht auch nach bestem Wissen und Können versucht, uns ins rechte Licht zu setzen, bis die drohende Gefahr einigermaßen gebannt war?

Die meisten Eltern kennen allerdings ihre Pappenheimer und fallen auf das noch so raffinierteste Strickmuster nicht mehr herein. Vor Jahren erinnere ich mich jedoch an ein kleines Cleverle, dem es des öfteren ziemlich schwer fiel, sich an die in der Klassengemeinschaft üblichen Regeln zu halten. Obwohl es einen wahrhaft eselsgeduldigen Lehrer hatte, der ob seiner dicken Haut und der wirklich bewundernswerten Gutmütigkeit von allen Kollegen beneidet wurde, musste dieser immer wieder zu Maßnahmen greifen, die ihm eigentlich in der Seele zuwider waren, damit der kleine Igel nicht alles auf den Kopf stellte.

Umso erstaunter war der Kollege eines Tages, als die Mutter des Kleinen in der Schule auftauchte, den Lehrer um ein Gespräch ersuchte und ihm bitterste Vorwürfe über die ungerechte Behandlung ihres Lieblinges an den Kopf warf. Reihenweise zählte sie auf, was ihr Sohn zuhause alles an Ungeheuerlichkeiten über den Lehrer aufgetischt hatte. Der ließ sie gelassen alles von der Seele reden. Wenig später sahen wir die Frau ziemlich kleinlaut und freundlich grüßend von dannen ziehen. Neugierig befragten wir den Kollegen, wie ihm denn ein so rascher Gesinnungswechsel gelungen sei. Spitz-

bübisch lächelnd verriet er uns mit einem Augenzwinkern sein offensichtlich äußerst erfolgreiches Rezept. „Liebe Frau“, hatte er mit seinem ehrlichsten Gesicht gekontert, „jetzt mach’ ich Ihnen ein Angebot: Wenn Sie mir versprechen, dass Sie in Zukunft nur noch die Hälfte glauben von dem, was Ihnen Ihr Sohn zu Hause über mich und die Schule erzählt, dann verspreche ich Ihnen, dass auch ich nur noch die Hälfte von dem glaube, was Ihr Sohn in der Schule von Ihnen erzählt…!“

Geschäftstüchtig

Kurz vor Schuljahresschluss hatte die junge Lehrerin es Schwarz auf Weiß: Sie wurde versetzt. Nachdem alles dazu Notwendige in die Wege geleitet und geregelt war, nahten auch schon die letzten Stunden mit all den Schülern, die sie gerne und mit viel Schwung, Elan und Liebenswürdigkeit unterrichtet hatte. Für jede der Klassen hatte sie sich zum Abschied etwas anderes ausgedacht. An diesem Tag waren die Zweitklässler im Fach Sport an der Reihe. Mit ihnen, so verkündete sie unter dem Jubel der Kleinen, wolle sie an diesem herrlichen Sommermorgen einen Spaziergang zum nicht allzu weit entfernt liegenden Erholungsgelände unternehmen. Dort könne man an dem kleinen See Enten füttern und den Spielplatz aufsuchen.

Während die Jungen voller Unternehmungslust voraneilten, scharten sich die Mädchen gemächlicher nachfolgend um die Lehrerin, die sie gar nicht gerne verloren. Mittlerweile heizte ihnen die unbemerkt höher gestiegene Sonne recht kräftig ein, sodass alle, am See angekommen, zuerst einmal unter der Hitze stöhnend die Schuhe auszogen und die heiß gewordenen Füßchen ins Wasser streckten. Um diese Abkühlung noch etwas zu unterstreichen und den Abschied zu versüßen, eröffnete die Lehrerin, dass sie nun allen etwas spendiere. Jeder dürfe sich an dem Kiosk ein Eis nach seiner Wahl für eine Mark auswählen. Jubelnd stürmten die Zweitklässler hinüber, wählten und verwarfen und kamen schließlich genüsslich schleckend zu einer Sitzgruppe aus halbierten Baumstämmen zurück, wo

man sich ganz der unverhofften Gabe zugewandt um die Lehrerin scharte.

Der Albertle habe sich nur ein Eis für siebzig Pfennige ausgewählt, bekam die Lehrerin noch mit einem Ohr mit, wurde aber, bevor sie sich noch darüber verwundern konnte, abgelenkt und in ein Gespräch verwickelt. Ein Blick auf die Uhr machte plötzlich darauf aufmerksam, dass man sich wieder auf den Heimweg machen sollte. Zum Aufbruch mahnend, schlenderte die Lehrerin zum Kiosk hinüber, um das spendierte Eis zu bezahlen. Als sie gerade wieder zur Gruppe zurückkehren und das Portemonnaie in die Taschen stecken wollte, spürte sie, wie sie jemand in die Seite „stupfte". „Du", sagte da neben ihr und zu ihr hochschauend das Albertle, „du, ich krieg noch drissig Pfennig vun dir!"

Freitagsgebot

Zu den schönsten Erlebnissen, auch wenn es von den begleitenden Personen oft ziemlich viel Einsatz und Schlafmanko abverlangt, kann je nach der Klasse ein Schullandheimaufenthalt gehören. Mit großen wie mit kleinen Schülern habe ich diese Art von Gemeinschaftspflege schon mehrfach gewagt und durchgeführt und die denkbar schönsten Erinnerungen daran. Treffe ich nach Jahren Ehemalige, dann schwelgen sie meist nach kurzer Zeit im rückblickenden Gespräch in der Erinnerung an schöne Tage des gemeinsamen Zusammenseins solcher „außerschulischer Aktivität“, wie es im trockenen Amtsdeutsch heißt.

Wieder einmal fieberte eine meiner achten Klassen einem solchen Ereignis entgegen. Weit weg von der nächsten Ortschaft wollten wir in einer Hütte am Waldrand zwei Wochen miteinander auf eine gänzlich andere Art als im normalen Schulalltag verbringen. Fieberhaft wurde geplant, gespart, wurden Speisepläne aufgestellt und die dazu notwendigen Lebensmittel eingekauft, denn wir wollten selbst für uns kochen und uns selber versorgen. Busfahrten und Wanderungen waren als Einstreuung und Abwechslung vorgesehen, aber auch zahlreiche Spiele und ein Fußball kamen ins Reisegepäck.

Endlich rückte der vorgesehene Zeitpunkt näher, und da voll guten Willens jeder sein Bestes zu geben versuchte, wurde ein Tag schöner als der andere. Auch mit dem Essen war man hochzufrieden, gab es doch das, was man sich in der Vorbereitungszeit nach demokratischer Abstimmung ausgesucht und nun hier oben auch selbst gekocht hatte. Wie im Schlaraffenland lebten wir, selbst Schnitzel, Pommes und Salat gab es, und am Freitag – vom Heimatort war man es aus guter religiöser Tradition gewohnt, dass der Freitag fleischlos war – kamen die 14-jährigen Köche gar nicht nach, die vertilgten Pfannenkuchenberge für die jungen unersättlichen Mägen rechtzeitig wieder aufzufüllen.

An freien Nachmittagen oder den milden Sommerabenden – das Wetter meinte es mit uns während der ganzen zwei Wochen besonders gut – verzogen die Jungen sich mit Vorliebe auf ein frisch gemähtes, einigermaßen ebenes Wiesenstück oberhalb der Hütte, um unermüdlich der Fußballleidenschaft zu frönen. Zu dem Zeitpunkt, wo die Meinungen über die Berechtigung dieses Eckballs oder jenes Tores nicht mehr unter einen Hut zu bringen waren, schickten sie Hilfe suchend herunter zu uns nach einem Schiedsrichter.

So auch am ersten Freitagabend. Mein Mann, mit seinem allseits bekannten, alles durchdringenden Pfiff, zu dem er weder Trillerpfeife noch Finger braucht, stieg mit der Abordnung hinauf zum „Kampfplatz". Es war etwas schwül geworden, und ganze Myriaden von kleinen Fliegen – „Mucke", wie man zu Hause von klein auf zu sagen gewöhnt war –, tanzten als gutes Schönwetterzeichen für den kommenden Tag in Gruppen auf und nieder. Mit von höchstem Einsatz zeugenden hochroten Köpfen kämpften die Jungen, als ob es um Weltmeisterschaftsehren ginge, bis plötzlich durch einen Abpraller der Ball hoch in die Luft schoss und dann im nahen, etwas abschüssigen Jungwald verschwand. Lachend und freundschaftlich Witze reißend über den verursachenden Champion, verschwand die ganze Meute in den Jungtannen und suchte, sich mühsam einen Weg

durch das Gestrüpp bahnend, nach dem runden Leder, während mein Mann sich auf einem Baumstamm niederließ und sich eine Ruhepause gönnte.

Plötzlich rumorte es in den Hecken, zwei Arme schoben den grünen Vorhang auseinander und der verschwitzte Kopf von Bernd wurde sichtbar. „Herr Schnurr“, rief er zu meinem Mann herüber, „isch hit Friddig (Freitag)?“ „Naij, dunnerschdig, worum?“, fragte mein Mann zurück. „Gott sei Donk!“, grinste da der für seine Gnitzheit bekannte Bauernbursche herüber, bevor er wieder in dem Tannengrün verschwand, „ich hab nämlich d’gonz Gosch voller Mucke!“ Der fleischlose Freitag stand also noch bevor…

Kraftquelle

In einer kleinen Schwarzwaldgemeinde lebte und erlebte man über die ganzen Jahre hinweg das Geschehen im Dorf von der Geburt bis zum Tod in gegenseitig recht anteilnehmender Weise. Das hatte – wie alle Dinge im Leben – gewiss seine Nachteile, vermittelte aber auch ein Gefühl der Zusammengehörigkeit in Zeiten, wo man beispielsweise aus großen Städten von erschreckendem Versinken in der Anonymität, Einsamkeit und Verlorenheit tagtäglich über die Medien mehr als genügend belämmernde Beispiele erfahren konnte.

Doch hier war in dieser Hinsicht die Welt noch in Ordnung. Der der Gemeinde langjährig in vorbildlicher Weise dienende Pfarrherr hatte eine gute Saat gesät. Starb eines der Gemeindemitglieder, die er seines hohen Alters wegen größtenteils sogar schon selbst getauft hatte, so „diente“ man in großer Selbstverständlichkeit, auch wenn der Verstorbene auswärts wohnhaft war, indem man ihn in auf seinem letzten Weg begleitete und beim „Seelenamt“ die Messe für ihn mitfeierte. Vier Ministranten in schwarzen Röcken, mit weißen, spitzenbesetzten Chorhemden darüber, trugen bei der Beerdigung Kreuz, Rauchfass, Weihrauchschiffchen und Weihwasser voraus, und der Pfarrherr achtete streng darauf, dass es immer die gleiche Anzahl war, damit sich keines seiner Schäflein zurückgesetzt fühlte.

Nun fiel, was seltenst geschah, der Seelenhirte aus und musste für einige Wochen das Krankenhaus aufsuchen. Da aber ausgerechnet in dieser Zeit in kurzen Abständen drei Dorfbewohner verstarben, holte man den Geistlichen aus dem Nachbarort zum Aushelfen. Erstaunt verfolgte dieser, zunächst ohne etwas dazu zu sagen, wie jedesmal vier Jungen, von der Schule dazu befreit, ihren Ministrantendienst treulich und ernsthaft versahen. Letztendlich zwickte ihn doch die Neugierde, und er fragte, während die Vier gerade ihre Chorhemden über den Kopf zogen, um wieder in die Schule zurückzukehren, den ihm am nächsten Stehenden: „Ja, sag e'mal, versäumt ihr nichts in der Schule?“ Aber da war er gerade an den Richtigen gekommen. Allseits als äußerst gnitz und schlagfertig bekannt, strahlte ihn der 14-jährige Bauernsohn an und meinte völlig entwaffnend im Brustton der Überzeugung: „Do bruche Sie kei Sorg' ho, mir vertraue voll auf die Kraft des Heiligen Geistes!“

Unverständlich...

Ein starker Jahrgang war eingeschult worden. Nahezu das ganze Klassenzimmer war ausgefüllt mit Schülertischchen und -stühlchen. Vorne war gerade noch Platz für das Lehrerpult, an der Rückwand des Raumes stand ein Regal, auf dem die verschiedensten Lehrmittel und Schülerutensilien ihren Platz fanden. Unter anderem reihten sich da Ordner für die ganze Klasse in allen Farben, damit die Kinder von Zeit zu Zeit ihre Schul-

ranzen etwas entlasten und erledigte Arbeiten abheften konnten. Die Mütter hatten zu Hause jedem Erstklässlerle seinen Namen längs über den Ordnerrücken geschrieben, da die Kleinen das Schreiben ja noch nicht beherrschten und erst lernen sollten. Aber an Farbe und Muster erkannte bald jedes seine Mappe.

Eines Tages, als alle Köpfe über die Hefte gebeugt und die Erstklässlerle mit dem Lösen von Rechenaufgaben beschäftigt sind, fällt mir ein, dass einer der Jungen ein Blatt versehentlich abgelegt hat, das wir anschließend noch zum Weiterarbeiten benötigen. Schon stehe ich vor dem Regal und will mich auf die Suche nach dem ihm gehörigen Ordner machen, als es mich plötzlich interessiert, ob der Kleine den seinen alleine finden würde. „Guschtel“, rufe ich ihm leise zu, „welches ist deine Mappe, kannst du sie mir mal zeigen?“ Da merke ich, wie die kleine Liesel, die eine so köstlich verschmitzte Art hat, neben mir den Kopf hebt und mich völlig verständnislos anschaut. Dann platzt sie heraus: „Worum, konnsch du nimmi lese?“

Gutes Beispiel

Daniela ist seit kurzem von auswärts in unsere Klasse gekommen. Sie hat guten Anschluss gefunden und fühlt sich bald recht wohl. Aber bis all die Neuheiten verkraftet und richtig einsortiert sind, bereitet es ihr des Öfteren ziemliche Probleme, ihre Hausaufgaben und die jeweilig benötigten Bücher, Hefte und sonstigen

Schulmaterialien dabei zu haben. Manchmal hat auch die Mama einfach vergessen, das ein' oder andere zu kaufen.

So steht sie eines Tages ziemlich betrübt an ihrem Platz, als die Mitschüler nach der großen Pause die Malsachen richten. Aus dem Wasserfarbenkasten blicken ihr fast nur leere Näpfchen entgegen. Da sie mit den Tränen kämpft und ich gerne wissen möchte, wie sich's mit der Hilfsbereitschaft in der Klasse verhält, sage ich rasch: „Hört mal alle her, Daniela hat nicht genügend Farben bei sich, was könnten wir denn da machen?"

Schweigen legt sich über die Klasse, alle sitzen vor ihren wohlgefüllten Malkästen und schauen abwechselnd zu ihrer neuen Kameradin und zu mir herüber.

„Fällt niemand etwas ein?", hake ich nach. Es ist totenstill im Klassenzimmer. Da steht Christina auf, die zu Hause sechs Geschwister hat. Sie sagt nicht: „Komm zu mir!" Sie klappt ihren Malkasten zu, legt ihn, die Pinsel und das Wasserglas auf den Zeichenblock und strahlt zu Daniela hinüber: „Ich setz mich zu dir, du kannst mit mir malen."

Ich blicke in die Runde und bin froh, dass die Angeschauten die Augen senken und verlegen und schweigend zu malen beginnen. Signalisieren sie mir so doch wenigstens, dass sie nicht ohne Gefühl sind für das eben Geschehene. Christina unterhält sich derweil leise und als ob nichts gewesen wäre mit Daniela, der das Glück und die Freude aus den Augen strahlen.

„Vielleicht beim nächsten Mal", denke ich, „mag es seine Wirkung und Ausstrahlung zeigen, dieses so selbstverständlich vorgelebte gute Beispiel eines kleinen Erstklässlermädchens..."

St. Nikolaus

Schier der Atem stockt den Drittklässlern, als nach Glöckchengeklingel und heftigem Klopfen plötzlich und völlig unerwartet der große und heilige Bischof mit seinem Ruprecht mitten im Klassenzimmer steht und ein ganzes Stück „Kinderhimmel“ verbreitet. Fassungslos sind sie bald darüber, wie gut der Heilige ihre ganzen kleineren und größeren Schlampereien, Untugenden und Streiche kennt.

„Du, wo de Nikolaus des alles her weiß?“, flüstert mir Uwe zu und faßt, als er an der Reihe ist, zum Nikolaus vorzukommen, auch den Mut, diesen zu fragen: „Woher weisch denn du des alles?“

Der kleine Günter, der sonst so keck und vorlaut sein kann, antwortet dem Nikolaus auf dessen Frage, ob er ihn mal ein Jahr mitnehmen solle, ganz kleinlaut: „Sell grad nit!“ Und als der große Heilige dem Seppli ein wenig unter die Nase reibt, dass er seines Wissens einfach nicht so schön schreibe, obwohl er's eigentlich könne, schaut dieser, der sonst zu den ganz Selbstsicheren und Gewandten gehört, treuherzig zu ihm auf und bekennt: „Jo, do hapert's e weng!“ Kann man sich's da verdenken, dass der Heilige aus Myra über dem wollweißen Bart Lachfältchen um die Augen bekommt und einen Blick zur bislang so andächtig dreinschauenden Lehrerin wirft, die sich ritterlich anstrengen muss, ihre Gesichtszüge beherrscht zu halten. Für einen Augenblick, als sie alle Augenpaare der Kinder auf sich gerichtet fühlt, wünscht sie sich fast, ebenfalls im Besitz und Vorteil eines solchen Vollbartes zu sein, aber eben nur einen Augenblick...

Morgendliche Überraschung

Den jungen Lehrer hatte es von weit hoch im Norden in ein kleines Dorf im Schwarzwald verschlagen, in welchem das katholisch-kirchliche Brauchtum noch hohen Stellenwert hatte und in den Jahresablauf der Bevölkerung wie selbstverständlich eingeflochten und verwoben war. So gab es für den Junglehrer, der sich zu keiner Religionsgemeinschaft bekannte, bald einiges Staunenswerte zu erfahren.

Freundlich war er aufgenommen worden und hatte ein ganzes Stück außerhalb des Dorfes sofort eine kleine Wohnung mieten können, die er sich recht kuschelig einrichtete. Niemanden störte es dabei, dass er gerne seiner musikalischen Leidenschaft bis in die Nacht

hinein frönte, was ihm wiederum entgegenkam, da er als Nachtmensch erst richtig auf Touren kam, je später der Abend voranschritt. Dafür schien sein Bett ihn am frühen Morgen, wenn er schon zur ersten Stunde in einer Klasse unterrichten musste, wie mit Tentakeln festzuhalten und gar nicht loslassen zu wollen. Am glücklichsten war er darum immer über einen späteren Unterrichtsbeginn auf dem Stundenplan.

Umso erstaunter war man deshalb im Kollegium, als er an einem Mittwoch, wo dies normalerweise der Fall war, dennoch recht unausgeschlafen im Lehrerzimmer auftauchte. Und irgendetwas, mit dem er nicht fertig wurde, schien ihn auch zu beschäftigen. Er habe Merkwürdiges erlebt, rückte er schließlich heraus, und hätte gerne von den schon länger hier tätigen oder ortsansässigen Beschäftigten eine Erklärung: In aller Frühe sei er aufgewacht an merkwürdigen Geräuschen, die von draußen aus der Morgendämmerung zu kommen schienen. „Nach einem vorsichtigen Blick zum Fenster hinaus kamen einige Leute mit Fahnen das Tal herauf, dahinter liefen eine Menge Kinder und danach dunkel angezogene Männer, denen ebenso gekleidete Frauen folgten“, sinnierte er vor sich hin. „Ja und weiter?“, fragte ein Kollege, der schon über's ganze Gesicht grinste. Wen wundert's, dass man im Lehrerzimmer in helles Gelächter ausbrach, als der junge Mann ratlos fortfuhr: „Die liefen alle ganz langsam und murmelten ständig solche Beschwörungsformeln vor sich hin.“ Der Neuzugang hatte eben noch nie in seinem Leben eine Schwarzwälder Flurprozession gesehen, bei der die Gläubigen den Rosenkranz zu beten pflegten…

Stefanie Schnurr, die ehemalige Rektorin aus Mühlenbach, ist den Schülerinnen und Schülern unserer Tage zugetan. Dort, wo Schule noch Herz und Schwarzwälder Seele hat, lebte sie mit den Kindern und hatte ein Ohr für alle die großen und kleinen „gnitzen“, aber auch ernsthaften Begebenheiten. Sie hat sie für uns festgehalten, damit wir teilhaben an den Erlebnissen, die eingebettet sind in den bäuerlichen Rhythmus und den kirchlichen Jahreslauf. So werden „alte“ Fotografien und „junge“ Geschichten zu einer Harmonie verwoben, der man gerne begegnet.

Da ist der über neunzig Jahre alt gewordene, 1998 verstorbene Meister der Fotografie *Alwin Tölle,* der sich lange schon dem Schwarzwald verschrieben hatte. Mit seinen Bildern beschwört er jene Kindheit, in der noch sehr viel Unbekümmertheit mitten in einer unversehrten Landschaft das Schulleben bestimmte. Das war damals, als das Staunen noch den Wundern der Natur in Haus und Landschaft gehörte und die Fröhlichkeit noch jenseits des Einbruchs der Medienwelt im Alltag der Schule gelebt werden konnte. Alwin Tölle ging mit der Kamera bedächtig um. So konnte er in den Gesichtern der Kinder das noch unverbogene Schöne und das behutsam zu Deutende fassen. Er zeigt die Buebe und Maidli in ihrer ganzen Unbekümmertheit.

Franz Hilger

Schwarzwald-Seen

44 Seiten mit farbigen Fotos, kartoniert

ISBN-10: 3-7806-7199-0 · ISBN-13: 978-3-7806-7199-8

Bergsee · Blindensee · Eichener See
Feldsee · Glaswaldsee · Kirnbergsee · Klostersee
Linachtalsperre ·Mathisleweiher
Mummelsee · Nonnenmattweiher
Plattensee bei St.Peter · Schluchsee · Schlüchtsee
Schwarzenbachtalsperre · Titisee · Ursee
Wildsee · Windgfällweiher

Im Schwarzwald gibt es viele Seen, es sind nicht nur die bekannten, wie der Schluchsee, der Titisee und der Mummelsee, zu denen alljährlich unzählige Menschen pilgern, es gibt auch eine ganze Reihe von kleinen, die mitunter auf den Landkarten gar nicht eingezeichnet oder nur mit einem kleinen blauen Fleck angeführt sind. Es sind gern besuchte Ziele für Schwarzwaldwanderer. Auch die bekanntesten dieser Seen bieten ruhige, idyllisch gelegene Plätze. Zu allen Seen gibt das Buch Auskunft über die Größe, Tiefe, Baden, Bootfahren, Angaben und Hinweise zum Wandern und wie man den See erreicht.

Kaufmann Verlag
Alleestraße 2 · 77933 Lahr · Telefon 07821-9390-0